KB022856

명문대
합격
글쓰기

명문대 합격 글쓰기

초판 1쇄 발행 2019년 6월 30일

지 은 이 진순희

기획편집 도은주
SNS 홍보·마케팅 류정화

펴 낸 이 윤주용
펴 낸 곳 초록비공방

출판등록 2013년 4월 25일 제2013-000130
주   소 서울시 마포구 월드컵북로 400 문화콘텐츠센터 5층 19호
전   화 0505-566-5522 팩스 02-6008-1777
메   일 jooyongy@daum.net
포 스 트 http://post.naver.com/jooyongy

ISBN 979-11-86358-58-0 (03370)

이 도서의 국립중앙도서관 출판예정도서목록(CIP)은 서지정보유통지원시스템
홈페이지(http://seoji.nl.go.kr)와 국가자료공동목록시스템(http://www.nl.go.
kr/kolisnet)에서 이용하실 수 있습니다. (CIP제어번호 : CIP2019022524)

논술 · 자소서 · 생기부 단번에 끝내는

명문대 합격 글쓰기

진순희 지음

초록비 책공방

중학교 입학 당시 글쓰기에 대한 열망은 강렬했지만 정확히 무엇을, 어떻게 해야 글쓰기 수행평가에서 높은 점수를 받을 수 있는지 잘 알지 못했다. 그러나 선생님과 함께한 베껴 쓰기와 마인드맵, 문단 내용 정리와 같은 일련의 글쓰기 훈련을 하다 보니 글쓰기 실력이 저절로 향상되었다. 특히 아렉스 글쓰기 원칙을 배우고 난 후 논리적으로 생각을 펼칠 수 있게 되어 토론할 때나 글을 쓸 때 아주 요긴했다. 이 책에 나온 글쓰기 방법들을 활용해 고등학교에서 하는 각종 수행평가와 교내외 대회에서 원하는 결과를 거둘 수 있었다. **반포고 2학년 조원정**

중학교 1학년 때까지 국어는 마냥 지루하고 재미없는 과목이었지만 선생님과 함께 공부하면서 예전에는 몰랐던 어휘들을 배워 실생활에도 활용할 수 있었다. 또한 사설을 분석하여 파악하는 훈련을 통해 내 생각을 정리하고 토론 실력까지 키울 수 있었다. 특히 베껴 쓰기를 하면서 글쓰기 실력도 몰라보게 좋아졌다. 문단의 핵심 내용을 파악하고 그것을 바탕으로 문제를 빠른 시간 내에 푸는 법도 익히게 되어 학교 성적이 눈에 띄게 향상되었다. **신동중 3학년 윤소희**

국어 성적은 좋은 편이었지만 글쓰기를 잘하지 못했다. 정해진 형식과 채점 기준에 따라 글을 쓰는 것에만 능숙하고 내 생각이나 의견을 논리적으로 펼치는 부분에는 약했다. 그런데 이 책에 나온 방법대로 공부를 하니 독해력뿐만 아니라 글을 분석하는 능력까지 좋아졌다. **신동중 3학년 이서연**

독서와 글쓰기는 공부를 하는 아이들에게 매우 중요하다. 그런데 글쓰기를 좋아하는 아이들보다 글쓰기에 흥미를 느끼지 못하는 아이들이 더 많다. 이 책에서 알려주는 방법은 쓰기와 읽기를 병행하는 것이어서 공부에 대한 집중도와 자기 주도 학습 능력까지 길러 준다. 덕분에 학교 수업에 더욱 충실해지고 만족도 또한 높아졌다. 이 책에 나오는 방법으로 글쓰기 공부를 하니 다른 과목과의 접근성도 뛰어나고, '공부는 이렇게 해야 한다.'라는 걸 몸소 깨닫게 해줘 동기 부여가 많이 되었다.

예린맘 이지은

'세상에 이런 일이!'라는 말이 절로 나왔다. 이 책에 나오는 방법대로 꾸준히 학습했더니 학교 수행평가는 물론이고 지필고사 성적까지 따로 관리하지 않아도 되었다. 말 그대로 관리가 스스로 되는 공부 방법이다. 책을 읽으며 생각을 키우고, 마인드맵으로 정리하다 보니 암기 과목도 수월하게 공부할 수 있었다. 게다가 반에서 국어 잘하는 아이로 인정받으니 아이의 자신감 또한 높아졌다.

예진맘 백선원

아이가 원하던 대학에 합격했다. 졸업 후 유명 컨설팅 회사에 취업했다가 지금은 외국계 은행으로 이직해 직장생활도 잘하고 있다. 선생님께 배운 글쓰기 방법은 입시뿐만 아니라 사회생활에서도 많은 도움을 받고 있다고 한다.   **지훈맘 송미영**

25년간 아이들을 가르치고 계신 선생님 덕분에 아이의 글과 국어 실력이 눈에 띄게 향상되었다. 이 책에 나온 브레인스토밍으로 생각을 꺼내고, 마인드맵으로 글의 순서를 정해 쓰는 훈련을 거듭해 온 결과 아이는 글쓰기와 자기 생각을 표현하는 데 자신감이 붙은 모습이다.

승엽 · 민주맘 김소영

중학교에 입학하면 아이나 학부모나 우왕좌왕한다. 특히 첫아이인 경우에는 정도가 더욱 심하다. 게다가 중학교 1~2학년의 경우에는 지역마다 다르지만 자유학기제(혹은 자유학년제)를 실시해 부모의 손이 많이 간다. 시험 대신 형성평가나 틈틈이 시행하는 수행평가로 성적을 매기기 때문이다. 수행평가는 대부분 글로 적어내야 한다. 입학하자마자 글쓰기에 대한 부담감은 아이와 학부모 모두에게 쓰나미처럼 몰려온다.

영어와 수학에 비해 수행평가에 필요한 글쓰기는 집에서 지도하기가 어렵다. 영어나 수학 같은 과목은 상대적으로 중요시되어 도움받을 데도 많고, 아이들끼리도 서로 가르쳐 주면서 도움을 받기도 한다. 그러나 글쓰기는 도움을 줄 수 있는 부분이 그렇게 많지 않다. 이런 글쓰기 지도는 부모들뿐만 아니라 아이들도 힘들어한다.

이 책은 학부모뿐만 아니라 스스로 글쓰기를 공부하고자 하는 아이들에게 도움을 주고자 한다. 아울러 공교육 교사나 글쓰기 강사들이 참고할 수 있도록 25년 동안 지도했던 글쓰기 자료를 집대성했다. 집에서 짬짬이 지도할 수 있도록 실전에서 사용했던 사례들과 강남 8학군 교사도 인정한 글쓰기 노하우를 쉽고 간결하게 정리하고자 했다.

먼저, 단시간에 글쓰기 실력을 향상시키기 위해 가장 기본이 되는 베껴 쓰기와 베껴 쓰기를 활용한 글쓰기 비법을 1부와 2부에서 소개해 놓았다. 3부에서는 국제중을 비롯해 특목고 및 자사고, 명문대뿐만 아니라 외국으로 유학 가기를 원하는 입시생이면 누구에게나 도움이 되는 '고득점을 얻는 8가지 글쓰기 비법'을 담아 놓았다. 여기에서는 목표를 달성하기 위해 필요한 글쓰기 방법을 중점적으로 설명해 놓았고, 4부에서는 중고등학교에서 실시되고 있는 수행평가를 테마별로 모아 고득점을 얻을 수 있는 글쓰기 방법을 사례와 함께 소개했다. 마지막 5부에는 국제중부터 전문대학원 입학을 위해 필요한 자기소개서 쓰는 방법을 정리해 놓았다.

《명문대 합격 글쓰기》에 실린 사례들은 교육열이 높기로 소문난 강남 한가운데서 25년간 아이들을 가르치며 수업했던 내용들이다. 아이들의 눈높이에 맞게 진행했던 터라 사례와 함께 보면 독자들은 쉽게 이해할 수 있을 것이다. 실제 집에서도 학부모가 자녀들을 가르칠 수 있도록 시간 배분도 수업 시간에 했던 그대로 기록했다. 첨삭 과정 또한 상세하게 설명되어 있어 누구나 어렵지 않게 따라할 수 있을 것이다.

학력평가에 포함된 수행평가는 학교마다 다르다. 어느 학교를 가든 그 학교에서 제시하고 있는 수행평가에 대비하기 위해서는 모든 분야에 아울러서 짬짬이 준비시킬 수밖에 없었다.

이 책에 실린 사례들은 아이들에게 수행평가를 준비시키면서 활용했던 글쓰기 자료들이다. 좋은 글이 많이 있지만 지면이 한정되어 있어서 몇 가지를 선택할 수밖에 없었다. 특별히 잘 쓴 일부 아이들의 글보다는 평범한 아이들의 눈높이에 맞는 글을 뽑았다.

이 책을 쓰기 위해 그동안 내게 지도받았던 아이들의 글을 읽으면서 다시 한번 인연의 소중함을 느낄 수 있었다. 그들과의 추억을 되새길 수 있었고, 책을 쓰기 위해 서점으로 도서관으로 향하는 발걸음도 흐뭇한 기억으로 남았다. 수많은 논문 자료를 출력해 읽는 재미 또한 쏠쏠했다. 그중에서도 아이들을 가르치는 일에 더욱 열정을 쏟을 수 있었던 점이야말로 이 책을 쓰면서 누리게 된 커다란 즐거움이었다.

그동안 수업했던 것들을 정리해서 기록으로 남겨야겠다며 몇 년째 벼르기만 했다. 책을 써야겠다는 마음은 늘 갖고 있었지만 과감하게 실행하지 못하고 있던 차였다. 이 책을 낼 수 있게 일등공신 역할을 한 친구 이덕주 작가와 추교진 작가에게 감사의 마음을 전한다. 수업 때문에 탈고 날짜를 몇 번씩 미뤄도 푸근하게 품어 준 초록비책공방에도 고마움을 전한다. 사례로 사용할 수 있도록 글을 제공한 나의 제자들뿐만 아니라 연락이 안 된 아이들에게도 좋은 글로 보답하겠다는 약속으로 고마움을 대신한다.

나의 짝과 도현, 정현, 은진. 가족들의 지지가 없었다면 책을 써내지 못했을 것이다. 이들의 응원이 큰 힘이 되었음에 깊은 감사를 보낸다.

— 조심조심 세상을 살아가는 집, 여유재與猶齋에서

▶ 차 례 ◀

1부. 단시간에 글쓰기 실력 키우는 방법

2부. 글쓰기의 기본기 다지기

3부. 고득점 얻는 8가지 글쓰기 비법

4부. 테마별 수행평가 글쓰기 실전 연습

5부. 면접관을 사로잡는 자소서 쓰기

알아두기

본문에 나온 이름은 모두 가명을 사용했습니다.

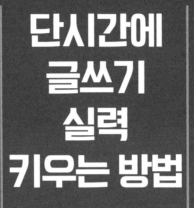

단시간에
글쓰기
실력
키우는 방법

1부

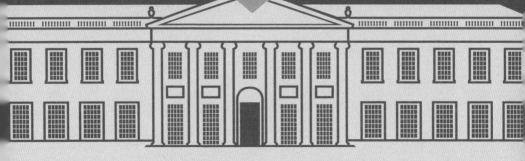

UNIVERSITY

너무 먼 그대, 글쓰기

유학파 엄마도 어려워하는 글쓰기

"한국은 아이들 스스로 공부하게끔 놔두지를 않는 것 같아요. 부족해도 스스로 할 때까지 기다려 줘야 하는데 그러질 못하네요. 급하게 선행을 해서 그런지 진도 빼기에만 급급한 것 같아요."

3년 동안 아이들을 데리고 미국에서 공부했던 이정이 엄마가 한국으로 돌아와서 한 말이다. 그녀는 아이들과 함께 유학 갈 정도로 교육에 대한 신념이 확고한 분이었다. 대사관 인터뷰를 통과하기 위해 2년 가까이 영어 학원도 다닐 만큼 열정도 대단했다. 이정이 엄마는 결국 본인 스스로 학생 비자를 받아 아이들을 수업료가 없는 공립학교에 입학시켰다. 이렇게 세심하게 준비할 정도로 아이들 교육에도 남달랐다.

미국에서는 늦더라도 천천히 스스로 할 때까지 기다려 주고, 부족하다 싶을 때 도움을 주는데, 한국에서는 팀으로 하는 수업보다 일대일로 하는 개인 과외를 왜 선호하는지 모르겠다고 말했다. 혼자 하면 교육비도 많이 들 뿐더러 또래와 함께하는 장점을 놓치게 된다며 아쉬워했다.

아이들 교육에 쏟는 정성이 남달랐던 이정이 엄마도 다른 과목은 집에서 봐줄 수 있는데 글쓰기만은 못 봐주겠노라며 하소연을 늘어놨다. 유학파 학부모도 글쓰기는 어려워한다.

글쓰기는 아이나 어른이나 모두 부담을 갖고 있다. 하물며 국내외 명문대 졸업생도 마찬가지다. 하버드대 졸업생들조차도 글쓰기 능력이 가장 부족하고 자신 없다고 한다. 그들은 한결같이, 가장 키우고 싶어하는 능력이 글쓰기 능력이라고 입을 모았다.

그러면 하버드대 졸업생들조차 자신 없어 하는 글쓰기 능력은 어떻게 키워야 할까? 글쓰기를 잘하려면 우선 잘 읽어 내는 것이 중요하다.

비장의 무기, 국어력

늦은 오후, 정윤이 엄마에게 전화 한 통이 왔다.

"어릴 때부터 책 읽기를 싫어하더니 이제는 성적이 바닥을 치고 있어요. 더 황당한 건 수학 과외 선생님이 얘는 수학을 못하는 게 아니라 아예 문제 자체를 읽어 내지를 못한대요. 그러면서 국어 학원을 먼저 보내라고, 국어력을 끌어올리는 게 우선이라고 말씀하시네요."

이야기를 들어보니 수학만 문제가 아니었다. 다른 암기 과목도 제대로 이해하지 못해 성적이 엉망이란다.

놀라운 사실은 학교에 있는 수학 교사들이 먼저 국어 교육의 중요성을 절감하고 있다는 것이다. 수리력은 뛰어나도 읽어 내는 힘이 없어 수학 문제를 해결하지 못하는 아이들이 부지기수란다.

사람이 살아가는 데 국어력은 평생에 걸쳐 갖춰야 할 비장의 무기이다. 학교 다닐 때부터 당장 성적에 영향을 미친다. 읽기를 기초로 한 말하기와 쓰기는 대학 입시나 면접, 사회생활을 할 때도 무한한 힘을 발휘한다. 긴 글을 단번에 이해하는 능력, 국어력이 힘이다.

이제는 영어보다 국어인 시대가 왔다. 수능에서 영어가 절대 평가로 바뀌고 나서 입시에서 국어가 더욱 중요해졌다. 영어 실력도 중요하지만 국어 능력이 우선이다. 잘 읽어 내야 글도 잘 쓸 수 있기 때문이다.

읽기 전, 읽는 중, 읽은 후 활동

보통 교육 현장에서는 글을 잘 읽는 방법을 지도할 때 읽기 전, 읽는 중, 읽은 후 활동을 활용한다.

읽기 전 활동으로는 '예측하기와 배경지식 활성화하기'가 있다. 예측하기는 제목이나 차례, 소제목, 저자 등을 보며 글의 내용이나 구조를 예상해서 말해 보는 것이다. 그리고 배경지식 활성화하기는 알고 있는 내용이나 글의 내용을 이해하는 데 도움이 되는 배경지식을 떠올려 보게 하는 것이다.

읽는 중 활동으로는 '질문하기, 추론하기, 메모하기' 등이 있다. 질문하기는 글을 읽으면서 중간중간 질문을 스스로에게 해 보는 것이다. 추론하기는 글에 드러나지 않은 의미를 미루어 생각하는 것이다. 이때 글의 문맥이나 사회·문화적 맥락, 독자의 배경지식으로 저자의 의도를 살펴야 한다. 즉, 이는 행간의 의미를 파악해 읽는 것이다. 메모하기는 글을 읽으면서 밑줄을 치거나 여백에 적절하게 표기를 하는 것이다. 책을 중고로 팔 것도 아닌데 유난히 책에 표시하는 것을 두려워하는 사람들이 있다. 적극적으로 책에 기록하고 밑줄 그으며 읽는 것이 좋다. 그렇게 하다 보면 나중에 독후감이나 서평 쓸 때도 도움이 된다.

읽은 후 활동에 해당하는 것이 바로 '글쓰기'이다. 글을 직접 쓰기 시작함으로써 읽기의 마지막 단계가 끝난다. 잘 읽는다고 글쓰기 실력이 바로 느는 것은 아니다. 물론 글을 잘 읽어 내는 사람이 글을 잘 쓸 수 있는 소양을 갖춘 것은 분명하다. 글쓰기 대가들도 글을 잘 쓰려면 무조건 써야 한다고 말한다. 이론을 정확하게 알아도 실제로 수영을 해야 수영 실력이 느는 것처럼 말이다. 글쓰기도 마찬가지로 글을 쓰는 행위를 통해서만 좋아질 수 있다.

독해력 향상에 도움이 되는 베껴 쓰기

글쓰기를 잘하고 싶은 욕구는 누구나 갖고 있다. 대입 시험을 준비하는 수험생뿐만 아니라 어른들도 글을 잘 쓰고 싶다는 욕망을 갖고 있다. 베껴 쓰기는 글쓰기의 효율성을 따질 때 탁월한 효과가 있다. 실제 수업에서도 베껴 쓰기를 해 보면 아이들이 몰라볼 정도로 글을 잘 쓴다.

글을 잘 쓰기 위해서는 먼저 '읽기'라는 입력 과정이 필요하다. 그 과정을 거쳐야 '글쓰기'라는 출력 결과물이 생기기 때문이다.

베껴 쓰기는 독해력을 기를 때도 많은 도움을 준다. 독해력을 향상시키기 위해서는 좋은 글을 많이 읽어야 하는데 베껴 쓰는 행위를 통해 글을 꼼꼼히 읽는 습관을 들일 수 있기 때문이다. 글을 꼼꼼하게 읽는 정독은 느리지만 글을 정확하게 이해할 수 있다는 장점이 있다. 따라서 베껴 쓰기를 하다 보면 깊이 있는 독서가 가능해질 수밖에 없다. 또박또박 쓰는 과정을 통해 온전히 글에 집중할 수 있기 때문이다. 손과 눈이 하나가 되어 정성스럽게 옮겨 적은 글은 기억에 오래오래 남는다. 온전하게 몸에 배어 자기 것이 되기 때문이다.

베껴 쓰기를 통해 읽기 과정이 습득되면 자연스럽게 글쓰기 실력은 향상된다. 이렇게 발전된 글쓰기 실력은 논술 대회에서도 빛을 발한다. 논술 대회에서 글을 쓸 때는 글쓴이의 중심 생각이 들어 있는 마지막 단락에 조금 더 신경을 쓰면 고득점을 얻을 수 있다.

베껴 쓰기는 독서와 글쓰기의 마중물과도 같다. 이것만 몸에 잘 익혀 놓아도 수행평가는 물론 입시 논술을 대비할 때 도움이 된다.

UNIVERSITY

스마트폰 시대에 더 필요한 글쓰기

글쓰기를 싫어하는 아이들

아이들을 가르치다 보면 "글 쓰지 말고 토론만 해요."라고 요구하는 경우가 많다. 대부분의 아이들은 쓰는 것을 어려워하다 못해 아예 싫어한다. 이런 아이들에게 글쓰기가 어렵지 않다는 것을 깨우치게 해 주는 방법이 바로 베껴 쓰기이다.

하지만 이것조차도 힘들어하는 아이들이 있다. 알다시피 요즘 아이들은 학교 수업이 끝나자마자 쉴 틈도 없이 곧바로 학원으로 직행한다. 이러다 보니 몸으로 쓰는 것을 부담스러워한다. 아니 힘들어하고 귀찮아한다. 돈벌이 하는 직장인보다도 더 빡빡하게 산다고나 할까. 심지어 저녁밥을 편의점 삼각김밥으로 때우는 경우도 허다하다.

영어 학원 갔다가 온 현우가 손 밑이 까매서 왔다.

"왜 이렇게 손이 더러워?"

"단어 시험을 통과 못해서 깜지 쓰고 왔어요. 똑같은 단어를 열 번 스무 번 계속 썼다니까요."

현우는 아직 분이 덜 풀렸는지 씩씩대며 말한다.

글쓰기의 비법을 가르쳐준다 해도 현우는 시큰둥하다. 그저 쓰지 않고 대충 말로만 때웠으면 좋겠다는 표정이 역력하다. 하루 종일 학교에서 학원에서 고군분투하는 아이에게는 글쓰기의 지름길인 베껴 쓰기조차도 심리적 압박감으로 다가올 수 있다. 늘 영어 단어 시험에 통과를 못하면 '빽빽이' 했던 기분 나쁜 기억이 떠오르기 때문이다.

베껴 쓰기를 해야 하는 이유

이처럼 바쁘기까지 한 아이들은 베껴 쓰기를 해야 하는 이유조차 모른다. 왜 그럴까?

예전과 달리 스마트폰은 아이들의 일상이 되어 버렸다. 아이들은 인터넷이나 소셜 네트워크sns, 유튜브를 검색해 자료를 얻고 정보를 습득한다.

요즘 아이들은 논리적이고 분석적인 글을 읽고 쓰기보다는 시각적이고 감각적인 방법으로 지식을 쌓는다. 마치 즉석 음식 먹듯이 정보를 후다닥 취합한다. 이렇게 얻은 지식들은 피상적인 것에 머무르는 경우가 많다. 클릭 한 번으로 정보를 쉽게 구하다 보니 당연히 깊이 생각하는 것을 꺼려한다. 심지어 어떤 사안에 대해 생각하는 그 자체에 의미를 두지 않는다. 노골적으로 싫어하는 티를 낸다.

이러한 문제에 대한 해결책으로 베껴 쓰기만한 것이 없다. 원문을 그대로 따라 쓰는 베껴 쓰기는 글쓰기 수업에서 아주 요긴하다.

글을 읽고, 분석하고, 의견을 나눈 후에 그대로 베껴 쓰기를 한다. 베껴 쓰기를 하면 글의 맛을 제대로 느낄 수 있다. 글쓴이의 의도 또한 깊이 있게 파악할 수 있다. 뿐만 아니라 글의 구조를 제대로 익힐 수가 있다. 이렇게 글쓰기가 체화되면 자신만의 생각이 들어간, 나만의 방식으로 글을 쓸 수 있게 된다. 베껴 쓰기는 생각하기와 글쓰기가 한꺼번에 진행되는 종합적인 활동이다. 글쓰기 목표에 최적의 방법이라 할 수 있다.

그동안 베껴 쓰기는 소설가, 시인 등의 작가 지망생들이나 글 쓰는 직업에 종사하는 사람들만 하는 것이라고 간주해 왔다. 심지어 이들에게는 글을 잘 쓰기 위한 방편으로 꼭 거쳐야 하는 관문 같은 것이었다. 그러나 논술 시험을 준비하는 아이들에게 베껴 쓰기 연습을 시킨 결과는 놀라웠다. 짧은 시간에 고득점을 받는 것을 보고 글쓰기 수업에 주로 베껴 쓰기를 활용하고 있다.

UNIVERSITY

글쓰기의
두려움 없애기

"선생님, 오늘은 글쓰기 안 하면 안돼요? 다음 시간에는 꼭 쓸게요. 오늘만 제발 쓰지 말아요. 아까 다 토론하면서 정리했는데 왜 또 써야 해요. 제발요."

글을 쓴다고만 하면 아이들이 이구동성으로 말한다. 이유를 말하는 레퍼토리도 바뀌지 않는다. 해가 바뀌어도 달라지지 않는다.

특히 토론 위주의 학원을 다녔던 아이들은 거기는 토론만 했는데 여기는 왜 꼭 쓰라고 하냐고 불평한다. 이는 아이들이 그냥 해 보는 소리지 토론 위주의 학원들도 다 글쓰기로 마무리한다. 왜 아니겠는가. 토론하며 생각을 주고받았으면 당연히 글로 정리해야 하는 것이 순서인 것을. 책을 읽든 아니면 쟁점이 되는 어떤 사안을 갖고 의견을 나눴든 간에 글로 마무리해야 완결되는 것이다.

한 단락 쓰기

글쓰기를 두려워하는 아이들은 '한 단락 쓰기'부터 시작하는 것이 좋다. 글의 최소 단위인 단어는 자립적으로 쓸 수 있는 말로, 단어가 모여서 완결된 생각을 표현하는 문장이 된다. 같은 생각끼리 모아 놓은 문장들, 이를테면 생각의 덩어리를 문단 또는 단락이라고 한다. 단락은 하나의 중심 생각을 나타내는 덩어리로, 글에서 하나로 묶을 수 있는 짤막한 단위를 말한다.

사설인 경우 보통 서너 개의 단락으로 이루어진다. 서너 개의 단락이 모이면 한 편의 글이 완성된다. 글의 기본 토대가 되는 한 단락 쓰기가 중요한 까닭이다.

각 단락에는 그 단락의 중심 생각인 소주제가 있다. 이것을 문장으로 쓰면 소주제문이 된다. 각 단락마다 하나의 중심 생각만을 담고 있어야 한다. 이때 단락들이 유기적으로 연결되어 있으면 글쓴이의 생각을 효과적으로 나타낼 수 있다. 또한 각 단락의 글은 주제를 향해 있어야 한다.

문장은 단문으로

　단락을 잘 쓰기 위해서는 문장을 강화해야 한다. 문장을 쓸 때는 주어와 서술어가 하나씩 이루어져 있는 단문으로 쓰는 것이 좋다. 단문을 쓰는 이유는 의미를 명확하게 전달하기 위해서이다.

　단문으로 글을 쓰면 당연히 글이 간결해지고, 비문을 방지할 수 있다. 뜻하지 않게 문장이 길어져 비문이 됐을 때는 각각의 문장마다 주어를 넣어 보면 된다. 그러면 어렵지 않게 비문을 찾아낼 수 있다.

중심 생각 뒷받침하는 방법

　단문으로 문장 쓰기를 끝냈다면 생각이 같은 문장들을 모아서 단락을 분류한다. 단락은 소주제문과 뒷받침 문장으로 이뤄진다. 한 단락에는 하나의 중심 생각만 담아야 한다. 중심 생각을 뒷받침하는 방법으로는 소주제를 구체화시키거나 논증하거나 예시를 드는 방법이 있다.

　구체화는 말이나 사물의 뜻을 밝히는 '정의', 둘 사이의 공통점을 쓰는 '비교', 차이점을 기록하는 '대조', 이해하기 쉽도록 설명을 덧붙이는 '부연', 종류에 따라 나누는 '분류', 개별적인 요소나 성질로 나누는 '분석', 사건에 대해 시간의 흐름이나 공간의 변화에 따라 서술하는 '서사', 눈에 보이는 대로 그려내듯 서술하는 '묘사'의 방법이 있다.

논증은 원인이나 이유, 근거를 드는 방법이고, 예시는 적절한 사례를 들어 중심 생각을 뒷받침하는 방법이다.

쓰는 방법 못지않게 중요한 것이 단락 나누기이다. 단락은 각 단락마다 내용이 달라지기 때문에 한 칸 들여쓰기로 구분한다. 다루고 있는 소주제가 바뀌기 때문이다. 단락은 일반적으로 시간의 변화가 있을 때, 공간의 변화가 있을 때, 소재나 서술 대상의 변화가 있을 때, 입장이나 태도의 변화가 있을 때를 기준으로 해서 나눈다.

UNIVERSITY

위대한 사람들의 비밀 병기

사람을 끌어모으는 힘

　평소 활달한 성격 덕분에 보기만 해도 미소가 절로 지어지는 하연이가 평소와 다르게 시무룩하다.

　"학교에서 무슨 일 있었어?"

　"쌤, 학교에서 남자애들이 저보고 뚱땡이라고 놀려요. 저 보고 야생 하마래요."

　"무슨 소리야, 이렇게 귀여운 하마가 어디 있니?"

　"저만 보면 야! 저기 야생 하마 지나간다며 자기들끼리 키득거려요.

심지어 우리 반에 좀 뚱뚱한 외톨이 남자애가 있는데, 저 뚱보랑 사귀어 보는 건 어때 하더니 책상을 치면서 웃기 시작하는 거예요. 여자애들까지도 키득대는데 걔네들이 더 얄미워요."

하루 종일 속상해 하던 하연이는 수업 내내 집중을 하지 못했다. 보다 못해 심란해 하는 하연이를 붙잡고 명성황후 이야기를 들려줬다.

"하연아, 명성황후 알지? 명성황후에 대한 이야기 하나 해 줄까? 고종 임금은 명성황후와 결혼했는데도 한동안 그녀를 찾지 않았대. 그러다가 어느 날 명성황후와 대화를 나누게 되었는데 그녀의 지혜에 탄복한 거야. 그 뒤로 고종 임금은 명성황후에게 모든 것을 의지하게 됐대. 책을 많이 읽고 공부를 열심히 했던 명성황후는 자신이 지닌 지혜 덕분에 고종의 신뢰를 얻을 수 있었던 거지."

교과서에는 나오지 않는 명성황후에 관한 비하인드 스토리를 하연이에게 이야기해 주며 외모보다는 실력을 키우는 데 힘쓰라고 독려했다.

뛰어난 화술의 비결

일찍이 "나를 정복하는 자는 오직 나일뿐."이라고 기염을 토한 여성이 있었다. 남자들을 파멸로 이끈 세기의 팜므파탈, 클레오파트라이다. '나일강의 검은 여왕' 클레오파트라는 우리가 생각하는 것만큼의 미인이 아니었다고 한다.

금붕어처럼 툭 튀어나온 두 눈, 매부리코, 여기저기 깨지고 검게 착색된 치아들, 사각턱, 두툼한 목덜미, 통통한 손발과 허리, 150센티미터쯤 되는 작은 키, 거무칙칙한 피부…….*

추녀의 모든 조건을 갖춘 클레오파트라에게 도대체 무슨 비법이 있었기에 세계 최고의 남자들을 하나도 아니고 둘씩이나 자기편으로 만들 수 있었을까?

예전부터 남성들은 여성의 위치를 그녀가 지닌 성적 매력과 동급으로 봤다. 제임스 맥그리거 번스는《역사를 바꾸는 리더십》에서 파스칼조차도 여성의 힘을 육체적인 매력에서 찾았다고 지적한다. 익히 알고 있듯이 파스칼은 "클레오파트라의 코가 조금만 낮았더라면 이 세상이 바뀌어 버렸을 것이다."라는 말을 했다. '클레오파트라의 코'가 역사의 행로를 바꿀 수 있다고 가정한 셈이다.

하지만 클레오파트라가 사용한 비책은 겉으로 드러난 외모가 아니었다. 플루타르코스에 따르면, 그녀의 아름다움은 "비할 데 없이 뛰어난 것도 아니고, 보는 순간 사람을 사로잡을 만한 것도 아니었다."라고 한다. 그럼에도 불구하고 클레오파트라는 만나는 남자들의 혼을 쏙 빼놓았다. 플루타르코스는 그녀가 상대의 넋을 빼앗을 수 있었던 이유를 클레오파트라의 뛰어난 화술과 달콤한 목소리에서 찾았다.

클레오파트라의 이야기는 지적이고 생동감 있었다. 어릴 때부터 총명하고 재치가 있었던 클레오파트라는 알렉산드리아 도서관에서 살

---

* 《스무살 클레오파트라처럼》, 이지성 지음, 차이정원

다시피 했다. 클레오파트라의 놀이터는 유럽 전체 도서관보다 10배가 넘는 책이 있는 알렉산드리아 도서관이었다. 그녀는 도서관에서 매일 책을 읽었으며, 당대 최고의 스승들에게 교육을 받아 지성을 단련했다. 누구도 따를 수 없는 지식을 갖춘 클레오파트라와 대화하는 동안 남자들은 그녀에게서 빠져나올 수가 없었다. 클레오파트라는 엄청난 독서력 덕분에 그런 대화술이 가능했다.

클레오파트라가 살던 시대에는 상대를 설득할 수 있는 능수능란한 말재주가 필요했다. 가족이더라도 서로를 밟고 올라서야 하는 상황에서 능숙한 말솜씨는 불가피했다. 상대를 내 편에 서게 하려면 나를 따를 수 있게 할 논리가 입에서 술술 나와야 했다. 그러기 위해서는 고전을 읽고 암송해야 했다. 그 방대한 내용을 암송하기 위해 원전을 그대로 베껴 쓰는 일을 할 수밖에 없었다. 이렇게 습득된 지식은 사람을 설득하는 데 아주 요긴하게 쓰였다.

베껴 쓰기로 남과 다른 경쟁력 키우기

클레오파트라가 살던 시대에도 경쟁이 치열했지만 지금이 그때보다 더 못하다고는 할 수 없다. 고대 시대에는 왕족끼리의 파벌 싸움을 했다면 지금은 개인 간의 역량을 다투는 시대이다. 그렇게 때문에 현대를 살아가는 우리는 오히려 경쟁에서 자유로울 수 없다. 경쟁을 넘어서 이제 자기착취로 이어지는 '피로사회'에 접어들었다. 이러한 가운데서도 잘 버티는 사람들은 글쓰기와 말하기 실력이 갖춰진 사람들이다. 좋은 콘텐츠가 있으면 말이 조금 어눌해도 사람들에게 주목받을 수 있다.

사람을 끌어모으는 알차고 풍부한 말과 글은 양서를 읽는 것에서부터 나온다. 그리고 그것을 내 것으로 만들기 위해서는 그 내용을 베껴서 적어 보는 것이 중요하다. 이 과정을 통해 책에 나오는 표현과 문체를 익힐 수 있다.

이때 단순히 옮겨 적는 것이 아니라 글쓴이의 생각을 따라가면서 정성을 다해 베껴 쓰기를 해야 한다. 이렇게 하다 보면 양질의 정보가 습득될 뿐만 아니라 글쓰기 실력 또한 놀라울 정도로 향상된다.

우리가 알고 있는 글쓰기 고수들도 처음에는 베껴 쓰기로 훈련을 했다.

UNIVERSITY

베껴 쓰기로 일취월장하는 글쓰기 실력

영어 단어는 외우는데 고사성어는 왜 안 외워?

"우리 애는 국영수는 잘하는데 암기 과목을 잘 못해요. 그래서 걱정이에요."

성적이 '겸손한' 자녀를 둔 학부모들은 대부분 비슷한 말을 한다. 자칭 '창의적'이라고 하는 아이들은 암기하라고 하면 마치 해서는 안 될 일을 시키는 것처럼 미간부터 찡그린다. 심지어 이해도 안 되는 것을 암기부터 하라니 터무니없는 일이라며 발끈하기까지 한다.

"지능 지수를 높이는 데 한몫하는 게 어휘력이야. 고사성어를 암기

하면 어휘력이 팍팍 늘어. 영어 단어는 암기하면서 우리말 단어는 왜 안 외우려고 해?"

"수능 점수 1점 차이로 등급이 나눠지기도 한단다. 1점으로 선택할 수 있는 대학이 달라지는 판국에 어휘 문제 4점은 너의 운명을 바꿀 수 있을 정도로 영향력이 큰 점수야."

이렇게 말하며 시간을 정해 놓고 고사성어를 암기하라고 해도 아이들은 호들갑을 떨면서 미국으로 유학 갈 거라서 고사성어 같은 건 안 외워도 된다고 어깃장을 놓는다.

사실 아이들에게는 이해하는 것보다 암기하는 일이 더 어려울 수 있다. 그러나 암기의 장점은 그 무엇보다도 크다. 초등학교 때 외우는 구구단은 수를 셈하는 데 가장 기초가 되는 작업이다. 말하자면 수학에서 구구단은 셈의 왕도라 할 수 있다. 글쓰기에서도 구구단과 같은 역할을 하는 것이 있는데, 바로 '베껴 쓰기'이다.

베껴 쓰기는 가장 순수하고 올바른 독서

베껴 쓰기의 장점 중 하나는 자연스럽게 글의 구조를 익히게 된다는 것이다. 더 나아가 문장력까지 좋아지게 된다. 여러 번 반복해서 베껴 쓰기를 하다 보면 문장에 나타난 표현법까지 자연스럽게 익힐 수 있기 때문이다.

글을 쓰라고 하면 막막해 하며 한 줄도 못 쓰던 아이들도 베껴 쓰기를 네다섯 번 반복하다 보면 몰라볼 정도로 글쓰기 실력이 향상된다.

　조선의 지식인 이덕무는 스스로 '간서치看書癡, 즉 책만 읽는 바보'라고 했다. 그는 가난하여 책을 살 수 없었다. 동상으로 손이 부어 피가 터지는 와중에도 책을 빌려 달라는 편지를 보냈다. 귀한 책을 빌려 왔으니 책 주인에게 한 권 베껴서 주고, 이덕무 자신의 것도 한 권 베껴 쓰기를 했다. 그는 수만 권의 책을 읽고, 또 살 수 없는 책은 빌려 와 베껴 쓰기를 반복했다.

　스무 번을 읽고 외운 것보다 공들여 한 번 써 보는 것이 낫다는 말이 있다. 손끝으로 공들여 쓰는 베껴 쓰기는 가장 순수하고 올바른 독서라 할 수 있다. 책의 문장을 그대로 곱씹으며 옮겨 적는 작업을 하다 보면 글쓰기의 원리를 터득할 수 있다.

　글을 잘 쓰기 위해서는 누구나 알고 있듯이 많이 읽고, 많이 쓰고, 많이 생각하는 방법 밖에는 없다. 많이 읽고, 많이 쓰고, 생각을 계속하다 보면 글을 잘 쓰게 되는 것은 분명하다. 그런데 시간이 많이 걸려서 대부분의 사람들이 꾸준히 실행하지 못하는 것이 문제다. 노력한 만큼 바로바로 글쓰기가 향상된다는 확신이 없기에 지속적으로 하지 못한다. 이러한 것을 극복할 수 있는 방법이 바로 '베껴 쓰기'이다.

쓰면서 배우는 베껴 쓰기

　예전에는 글쓰기가 작가만의 전유물로 여겨졌던 시절도 있었지만 이제는 누구나 글을 쓸 수 있는 시대가 되었다. 블로그를 통해서 심지어 한 줄의 댓글로 한국의 정치와 사회를 흔들고 있다. 이제 글 잘 쓰는 사람이 세상의 흐름을 주도하고 있는 셈이다.

글을 잘 쓰는 사람이 되려면 먼저 모범 글을 갖고 베껴 쓰기를 해야 한다. 모범 글에는 인간의 감성을 자극해 익숙한 사물들도 낯설게 바라보도록 만드는 힘이 있다. 사실 글이란 자신이 쓰려고 하는 주제의 근거를 제시하여 그것이 얼마나 논리적으로 타당한 것인지 증명하는 과정이다. 이때 근거로 제시된 자료가 그 주제에 알맞을수록, 자료의 양이 충분하고 질이 좋을수록, 밀도 높은 글이 될 확률이 크다. 이러한 모범 글을 반복해서 많이 베껴 쓰다 보면 자연스럽게 글쓰기를 잘할 수 있게 된다.

글쓰기를 잘하려면 우선 쉽게 써야 하고 문장 또한 간결해야 한다. 그래야 읽는 사람이 이해하기 쉽다. 글을 쓰는 사람이 제아무리 많은 것을 알고 있다 하더라도 쉽게 쓰지 않으면 제대로 전달할 수 없다. 글을 못 쓰는 사람들은 대체로 글을 길게 쓰고 수식어를 많이 쓰는 경향이 있다.

좋은 글을 쓰기 위해서는 문장과 문장이 논리적인지, 근거가 타당한지, 단락과 단락은 유기적으로 연결되어 있는지 항상 염두에 두어야 한다. 그래야 독자에게 명료하게 전달할 수 있다. 근거를 제시할 때도 군더더기 없이 간결하게 표현해야 한다. 단문을 써야 하는 이유이다.

어떻게 하면 글을 잘 쓸 수 있을까? 한 번쯤은 고민해 본 경험들이 있을 것이다. 짧은 시간에 효과적으로 글을 잘 쓸 수 있는 방법으로 베껴 쓰기만한 것도 없다. 쓰면서 배우는 베껴 쓰기야말로 최고의 글쓰기 비법이라고 할 수 있다.

베껴 쓰기는 글을 아주 쉽고 빠르게 잘 쓰게 할 수 있다. 뿐만 아니라 글쓰기에 일가견이 있는 사람처럼 그럴싸하게 만드는 비결을 갖고 있다. 유명 저자의 좋은 글을 베껴 쓰면 당연히 글쓰기의 기본기는 탄탄해질 수밖에 없다.

베껴 쓰기로 논술 실력도 향상

베껴 쓰기는 평소의 글쓰기 실력을 향상시킬 뿐만 아니라 논술에도 효과적이다. 통상적으로 입시에 필요한 논술 시험은 짧은 기간에 준비하는 아이들이 많다. 글과 담을 쌓고 살아온 아이들의 논술 실력을 가장 빠르게 향상시킬 때 쓰는 비법도 바로 베껴 쓰기이다.

입시 대비 논술 활동을 할 때 베껴 쓰기를 활용한 수업 과정은 다음과 같다.

먼저, 원하는 학교에서 제공하는 모범 답안이나 합격 답안을 꼼꼼하게 베껴 쓰게 한다. 이때 베껴 쓰기를 하기 전에 여러 번 반복해서 읽는 것이 중요하다. 소리 내어 읽다 보면 머릿속에 정확하게 새겨 넣을 수 있다.

그런 다음 단락별 소주제문을 찾아 쓰게 하고, 전체 주제문을 써 보게 한다. 모범 글의 내용을 안 보고 말로 해 보게 한다. 유대인들의 하브루타 공부법처럼 '말로 하는 학습법'을 활용하는 것이다. 수업을 시작할 때 아예 처음부터 보지 않고 모범 글의 내용을 말할 수 있어야 한다고 미리 이야기한다. 그러면 아이들은 글의 전체적인 구조를 익히려고 애를 쓴다.

이 과정까지 거치면 마지막으로 집중해서 베껴 쓰기를 한다. 모범 답안을 베껴 쓸 때는 문장과 문장이 어떻게 유기적으로 연결되어 있는지 생각하며 쓴다. 생각의 덩어리인 문단 쓰기도 이와 같은 방법으로 한다. 앞뒤 문장의 관계를 생각하며 또박또박 쓰다 보면 읽기 능력뿐만 아니라 논술 실력도 향상된다. 글쓰기의 총체적인 감각이 길러지기 때문이다.

베껴 쓰기 과정이 끝나면 논술 문제에서 요구하는 조건에 맞춰 글을 쓴다. 당연히 훌륭한 글이 나올 수밖에 없다.

'고수는 남의 것을 베끼고 하수는 자기의 것을 쥐어짠다.'라는 말이 있다. 남의 것을 베끼는 모방이 쌓이다 보면 마침내 자신만의 글을 창조할 수 있는 순간이 온다.

UNIVERSITY

베껴 쓰기의 최종 목표는 자기 글을 쓰는 것

내 글을 쓰기 위한 징검다리

좋은 글을 읽고 글의 전체적인 구조를 살피며 베껴 쓰다 보면 자연스럽게 나만의 글이 만들어진다. 유명 작가의 문하생으로 들어간 사람이 가장 먼저 하는 일은 아침부터 저녁까지 스승인 작가의 작품을 필사하는 일이다. 정성을 다해 베껴 쓰기를 하다 보면 작품이 통째로 내 것이 된다. 나중에는 생각보다도 먼저 글이 써지는, 말 그대로 기계적으로 글 쓰는 일의 선수가 된다.

베껴 쓰기는 그 행위를 통해 한 편의 글이 갖고 있는 모든 것을 기억하게 하는 장점이 있다. 작품의 구성은 물론이고 이야기의 전개 방법을 몸으로 부딪쳐 알게 만든다. 사실 몸이 기억하다 보면 생각 또한 몸처럼 자연스럽게 흘러나와 글을 쓰게 된다. 신체적인 기능으로 자리 잡은 글쓰기는 시간이 지나도 절대 잊어버리지 않는다. 마치 어렸을 때 자전거를 배워 놓으면 오랜 시간이 지나서도 다시 탈 수 있는 것처럼 말이다.

베껴 쓰기는 과거 우리의 서당에서도 즐겨 사용했던 방법이기도 하다. 서당에서는 옛 선현들의 글을 옮겨서 적고, 그 글을 암송하는 작업을 해 왔다. 이 과정은 자신만의 글을 쓸 때까지 계속됐다.

베껴 쓰기의 궁극적인 목적은 나의 글을 쓰기 위해서이다. 남의 글을 그대로 옮기는 것이 아닌 내 글을 쓰기 위한 수련 과정이라 할 수 있다. 즉, 베껴 쓰기는 자신의 글을 쓰기 위한 징검다리 역할을 하는 것이다.

베껴 쓰기만 잘해도 보고, 읽고, 쓰는 기본적인 의사소통 행위를 충분히 할 수 있다. 문학적인 글쓰기는 타고난 재능이 필요한 경우가 많다. 하지만 일상생활에서 쓰는 대부분의 글들은 특별한 재능을 필요로 하지 않는다. 누구나 노력만 하면 잘 쓸 수 있다. 눈으로 읽고 손끝으로 베껴 쓰기를 제대로 하다 보면 읽고 쓰는 데 어려움이 없을 것이다.

베껴 쓰기의 시작

베껴 쓰기를 처음 시작할 때는 문장 단위로 하는 것이 좋다. 베껴 쓸 글을 정했으면 먼저 꼼꼼하게 읽는다. 한번에 내용이 이해가 안 되면 다시 한번 읽는다. 그 다음에는 글쓴이가 어떻게 글을 펼치는지 염두에 두면서 옮겨 적는다. 내용 자체에 집중하면서 베껴 쓰기를 한다.

처음에 베껴 쓰기를 할 때는 사설이나 짧은 칼럼으로 시작하는 것이 좋다. 1,000자 내외의 사설이나 칼럼 전체를 베껴 써 본다. 사설을 쓰는 논설위원은 정치나 경제 등 사회 문화 전반에 관한 자신만의 관점을 갖고 논리적으로 글을 쓴다. 논설위원들이 쓴 글을 꾸준히 읽다 보면 배경지식을 넓히는 데도 효과적이다. 1,000자 이상의 글은 원하는 부분을 골라 베껴 쓰기를 하면 된다. 분량이 많은 소설책은 자신이 필요한 부분 또는 도입 부분만 베껴 써도 된다.

글쓰기는 누구든지 다 어려워한다. 하지만 베껴 쓰기를 통해 글쓰기의 첫걸음을 쉽게 뗄 수 있다.

베껴 쓰기 하기 좋은 자료 TIP

중앙일보 분수대, 한겨레 유레카, 경향신문 여적, 조선일보 만물상, 동아일보 횡설수설

베껴 쓰기로
한 편의 글을 완성하는 과정

베껴 쓰기 하려는 글을 소리 내어 읽는다.

문장을 곱씹으며 입으로 되뇐다.

글을 분석한다.

문단별 소주제문을 찾아 밑줄을 긋는다.

글을 베껴 쓴다.

단락 단위로 글쓴이의 생각지도를 따라가며 옮겨 적는다.

나만의 글을 쓴다.

독특한 자기만의 생각이 담기도록 쓴다.

고쳐 쓰기를 통해 글을 완성한다.

짧은 문장과 긴 문장으로 단락을 구성해 리듬감이 있도록 쓴다.

글쓰기의
기본기
다지기

2부

UNIVERSITY

짧은 글 베껴 쓰기

사람들은 글을 잘 쓸 수 있는 능력은 타고난다고 생각한다. 아니면 특별한 비법이 있는 줄 안다. 영화 〈쇼생크 탈출〉의 원작자인 스티븐 킹은 하루에 4~6시간 읽거나 쓰지 않으면 작가가 아니라고 말한다. 무라카미 하루키도 매일매일 A4 용지로 3쪽씩 글을 쓴다고 한다. 이처럼 전문 작가들도 하루도 거르지 않고 반복적으로 글을 쓰고 있다.

글쓰기에 왕도는 없다. 그저 많이 써 보는 수밖에. 그러나 시간이 없는 아이들에게 무작정 시간을 내서 쓰라고 하면 힘들어할 것이다. 이렇게 시간도 없고 글 쓰는 습관도 갖춰지지 않은 아이들에게 쉬운 길이 있다. 바로 베껴 쓰기이다. 글쓰기의 주춧돌이 되는 베껴 쓰기는 반복적으로 하는 것이 중요하다.

반복이라는 것은 얼핏 보기에 단순하다. 그러나 같은 일을 되풀이하다 보면 지루해서 금방 지치고 만다. 꾸준히 하는 사람을 보기 어려운 이유이다. 꾸준히 반복하다 보면 평범한 일상에서 비범함을 만들어 낼 수 있다.

베껴 쓰기를 할 때 유념해야 할 것이 있다. 처음에는 긴 글을 피하는 것이 좋다. 긴 글을 베껴 쓰라고 하면 대부분의 아이들은 따분해 할 뿐만 아니라 금방 싫증을 느낀다. 때문에 짧은 글부터 시작한다. 하루, 이틀, 일주일. 이렇게 짧은 시간 내에 완성하고 반복하는 경험을 갖도록 하는 것이 필요하다. 그래야 긴 글쓰기에 도전할 수 있다.

계획한 대로 목표를 달성하면 자신감이 당연히 생긴다. 작은 성공을 자주 반복하는 것이 중요한 이유이다. 성공 경험의 빈도가 많을수록 자신감은 더욱 커진다.

이와 마찬가지로 짧은 글부터 베껴 쓰기를 해서 습관화하면 글쓰기는 저절로 향상될 것이다.

다음은 짧은 글 베껴 쓰기로 한 편의 글을 완성한 과정이다. 국어력이 없어서 문제 자체를 이해하지 못한 진우에게는 호흡이 길지 않은 아주 짧은 글을 주었다.*

---

* 《명언도 알고 위인도 알고》 김애심 지음, 우진출판사

유명한 사상가인 에머슨은 친구를 얻는 유일한 방법은 자기가 먼저 친구가 되는 것이라고 했다. 그는 유럽을 여행하는 동안 영국의 역사가인 카알라일과 만나게 되었다.

두 사람은 약속된 장소에서 1시간 동안 대화를 하기로 되어 있었다. 그런데 두 사람은 한마디도 하지 않고 앉아 있다가 예정된 시간이 지나자 자리에서 일어나 서로 '매우 즐거운 시간이었습니다.'하고 정중하게 악수를 하고 헤어졌다.

카알라일의 명언 중 이런 말이 있다. '침묵은 말보다 더 큰 웅변이다.' 이 말은 요란한 수다쟁이보다 묵묵히 있는 사람의 말이 더 효과적일 때가 있다는 뜻인데, 에머슨은 카알라일의 말에 전적으로 동감한다는 표시로 아무 말도 하지 않았던 것이다. 카알라일 역시 자기의 말을 진정으로 이해하는 좋은 친구라 여기며 아무 말도 하지 않았다. 그들은 처음 만났지만 서로의 마음을 깊이 알게 되었다.

먼저 두 개의 단락을 소리 내어 세 번 읽게 했다(5분). 요즘 아이들은 시를 암송하거나 잘 안 외워지는 부분을 공부할 때를 제외하고는 소리 내어 읽기를 거의 안 한다. 대부분 소리 내어 읽으라고 하면 목이 아파서 싫다고 한다. 심지어 왜 그렇게 읽어야 하냐고 반문한다.

소리 내어 읽다 보면 책의 내용을 빠짐없이 정확하게 이해할 수 있

세 번 소리내어 읽기 (5분)   베껴 쓰기 (15분)   생각 나누기 (10~20분)   짧은 글쓰기 (20~30분)

다. 목소리가 귀에 들리면서 지은이 특유의 문장의 호흡과 리듬을 파악할 수 있어서 즐겁게 읽을 수 있다. 옛날 사람들이 경전과 고전을 줄줄 외운 비결은 바로 소리 내어 읽기에 있다.*

다 읽은 후 또박또박 베껴 쓰게 했다(15분). 글에 대해 충분히 이해한 다음 제목을 붙여 보게 했다. 제목은 글쓴이가 말하고자 하는 바를 드러내는 것이어서 제목 달기가 매우 중요하다.

그런 다음 '에머슨과 카알라일은 1시간 동안 말 한마디 안 했으면서도 왜 매우 즐거운 시간이었다고 했을까?'라는 주제로 생각을 나눴다(10~20분). 진우는 쓸데없는 대화보다는 차라리 침묵이 낫다면서 굳이 말을 안 해도 친구와 서로 통했던 경험을 말했다. 진우는 말수가 적은 아이였지만 자기가 겪은 얘기를 하면서 달변가로 변해 있었다.

마지막으로 이 글에 대한 자신의 생각을 써 보는 것으로 마무리를

* 《종이책 읽기를 권함》 김무곤 지음, 더숲

했다(20~30분). 짧은 글이어서 이해하기 쉬웠지만 베껴 쓰기를 통해 글을 제대로 숙지했다. 진우는 이 과정을 통해 큰 어려움 없이 자신의 생각을 짧은 글로 펼쳐 냈다.

카알라일과 에머슨의 우정

작성자 : 이진우

제목은 카알라일과 에머슨의 우정으로 했다. 왜냐하면 에머슨은 친구가 되는 방법을 알아서 카알라일에게 먼저 다가갔기 때문이다.

그 둘은 만나서 1시간 동안 침묵만 하고 헤어졌다. 한마디 말도 안 했지만 서로 '즐거운 시간을 보냈다'고 했다. 이런 것이 가능했던 것은 서로를 잘 알고 이해하고 있었기 때문이었다. 대화만으로는 알 수 없는 것이 침묵하고 있는 사람의 속마음이다. 서로의 생각이 일치하고, 진심으로 이해하는 깊은 우정이 아니었다면 침묵으로 대화는 불가능했을 것이다. 이들을 보며 침묵은 대화보다 더 큰 힘을 가질 수 있다는 것을 알게 되었다.

에머슨의 명언 중 "친구를 얻는 유일한 방법은 먼저 자기가 친구가 되는 것"이라는 말이 있다. 이 말은 내성적인 나에게 큰 울림으로 다가왔다.

아무리 좋은 성격을 가졌다고 해도 먼저 다가가지 않는다면 친구를 사귀기는 쉽지 않을 것이다.

UNIVERSITY

재미도 있고 의미와 교훈이 있는 글 베껴 쓰기

수업을 진행할 때 이론만 설명하면 아이들이 지루해 한다. 이때 좋은 글을 자료로 활용해 아이들을 주목하게 만들어야 한다. 좋은 글로 연습을 하면 자연스럽게 원리와 방법을 터득할 수 있다. 예시 글은 아이들이 재미있어 할 내용으로 고른다. 물론 의미와 교훈이 있으면 더 좋다.

먼저 유튜브에서 방탄소년단의 영어 인터뷰를 보여 준 후 관련 글*을 건넸다. 외국인과 의사소통하는 데 불편함이 없는 방탄소년단의 당

---

* http://news.chosun.com/site/data/html_dir/2017/11/29/2017112903530.html

당한 모습을 보며 여학생들은 환호성을 질렀다. 반면 남학생들은 탄식을 했다. 쟤네들은 노래도 잘하는데 영어도 잘한다며. 도대체 못하는 게 뭐냐며, 흙수저 출신인 게 맞냐며 술렁거렸다.

베껴 쓰기를 한 과정은 다음과 같다.
다섯 문장으로 이뤄진 문단을 세 번씩 소리 내어 읽은 후(2분), 베껴 쓰기 할 문단의 글을 분석했다(1~2분).

아이돌 방탄소년단의 영어 실력이 화제다.(중심 문장) 유학 경험도 없는데 미국 토크쇼에 나와 당당히 인터뷰하는 모습이 인상적이었다.(뒷받침 문장1_인상적인 이유) 알고 보니 '북유럽 스타일'로 영어를 배웠다고 한다.(뒷받침 문장2_영어 공부 방법) 한 멤버가 방송에 나와 "미국 시트콤 〈프렌즈〉를 처음엔 한국어 자막, 두 번째는 영어 자막, 세 번째는 자막 없이 시청하면서 공부했다"(구체적인 사례)라고 했다. 기획사에서 스파르타식 영어 학습을 시킨 결과라 하더라도 그게 바른 방향이다.

이렇게 한 다음에는 글을 보지 않고 한 단락 쓰기를 할 것이니 집중해서 읽어야 한다고 단단히 일러 놓았다.
문단을 세 번씩 베껴 쓰게 했다(7~10분). 신문사에 입사해서는 일정 기간 동안 사설이나 칼럼으로 글쓰기 훈련을 한다. 같은 글을 스무 번

이상 반복해서 써 본다고 한다. 그런데 아이들한테 그렇게 진행하면 금방 질려 한다. 그래서 처음에는 한 단락을 세 번씩 쓰다가 그 다음에는 횟수를 줄여서 쓰게 한다. 이때 문장의 구조를 익힌다는 마음으로 베껴 쓰기를 하게 했다.

실전 글쓰기로 들어갔다. '방탄소년단의 영어 실력'이라는 글감으로 한 단락 쓰기를 했다(9분). 베껴 쓰기로 단락의 전개 과정을 익힌 다음 글을 쓰게 하니 민영이는 수월하게 한 단락을 써냈다.

방탄소년단의 영어 실력

작성자 : 최민영

아이돌 스타 '방탄소년단'의 영어 실력이 화제다. 영어를 10년 20년 해도 못하는 사람들이 많지만 방탄소년단은 고작 몇 달만에 영어를 마스터하다시피 했다는 것이 참 대단하다. ①

방탄소년단 멤버 한 명이 방송에서 영어 공부 비법을 말했다. 바로 북유럽 스타일로 공부했다는 것이다. ② 우리나라 아이들 중에 분명 영어 때문에 고민인 아이들이 많을 것이다. 예문을 외우며 공부하는 것은 별 도움이 되지 않는다. 우리나라도 아이들을 북유럽 스타일로 가르쳐야 도움이 될 것이다.

첨삭 지도

① 방탄소년단이 몇 달 만에 영어를 마스터 했다는 내용은 언급되어 있지 않다. 민영이의 글은 과정되어 있다.

② 북유럽 스타일 공부법이 어떤 건지에 대한 설명이 빠졌다.

민영이에게 글은 과장되게 쓰는 것이 아니라 진솔하게 써야 한다고 알려 줬다. 새로운 용어나 방법 등이 나오면 그것에 대해 상세하게 풀어 써야 한다고 말해 줬다. 읽는 이가 이해할 수 있도록 글로써 나타내라고 했다. 첨삭한 후 민영이가 다시 고쳐 쓴 글이다.

방탄소년단의 영어 실력

작성자 : 최민영

아이돌 스타 '방탄소년단'의 영어 실력이 화제다. 방탄소년단 멤버 한 명이 방송에서 영어 공부 비법을 말했다. 북유럽 스타일처럼 미국 시트콤 〈프렌즈〉를 보며 공부했단다. 우리는 영어를 10년 20년 공부를 해도 잘 못한다. 심지어 외국인이 길을 물어볼까봐 슬금슬금 피한다. 지금처럼 책으로 예문을 외우며 공부하는 것은 문제가 있다. TV 시청을 통해 영어를 자연스럽게 접하도록 해야 한다.

전체 글 베껴 쓰기

노자는 "큰 나무도 가느다란 가지에서 시작된다. 10층 탑도 작은 벽돌을 하나씩 쌓아 올리는 데서 시작된다. 마지막에 이르기까지 처음과 마찬가지로 주의를 기울이면 어떤 일도 해낼 수 있을 것이다."라고 했다.

글쓰기도 마찬가지다. 벽돌을 한 장씩 쌓듯이 한 단락에서 전체 글로 베껴 쓰기를 하다 보면 어느새 글 한 편을 완성할 수 있다.

아이들을 지도할 때는 처음부터 무리하게 긴 글 베껴 쓰기를 시키지 않는다. 사설 한 편을 택해 마지막 한 단락만 베껴 쓰게 한다. 그런 다음 차츰차츰 사설 전체를 옮겨 적게 한다. 이렇게 네다섯 번 차근

차근 베껴 쓰기로 글을 익히다 보면 거뜬히 자기만의 생각이 담긴 글을 쓰게 된다.

짧은 글로 베껴 쓰기를 충분히 했다면 이제 긴 글에 도전할 차례이다. 긴 글 베껴 쓰기는 신영복의 《나무야 나무야》 중 1,581자로 되어 있는 〈높은 삶을 지향하는 진정한 합격자가 되십시오〉라는 글을 활용했다.*

새 출발점에 선 당신에게

'예비 합격자' 명단에서 당신의 이름을 보고 축하를 해야 하나 말아야 하나 망설여 왔습니다. 1등만을 기억하는 세상에서 수능 점수 100점으로 예비 합격한 당신을 축하할 자신이 내게도 없었습니다. 지금쯤 당신은 어느 대학의 합격자가 되어 대학 생활을 시작하고 있거나, 아니면 기술학원에 등록을 해 두었는지도 모릅니다만 어쨌든 나는 당신과의 약속을 지키기 위하여 축하의 편지를 씁니다. 이제 대학 입시라는 우리 시대의 잔혹한 통과 의례를 일단 마쳤기 때문입니다.

나와 같이 징역살이를 한 노인 목수 한 분이 있었습니다. 언젠가 그 노

---

* 《나무야 나무야》 중 〈높은 삶을 지향하는 진정한 합격자가 되십시오〉 신영복 지음, 돌베개

인이 내게 무얼 설명하면서 땅바닥에 집을 그렸습니다. 그 그림에서 내가 받은 충격은 잊을 수 없습니다. 집을 그리는 순서가 판이하였기 때문입니다. 지붕부터 그리는 우리들의 순서와는 거꾸로 였습니다.

먼저 주춧돌을 그린 다음 기둥·도리·들보·서까래·지붕의 순서로 그렸습니다. 그가 집을 그리는 순서는 집을 짓는 순서였습니다. 일하는 사람의 그림이었습니다. 세상에 지붕부터 그려온 나의 무심함이 부끄러웠습니다. 나의 서가(書架)가 한꺼번에 무너지는 낭패감이었습니다. 나는 지금도 책을 읽다가 '건축'이라는 단어를 만나면 한동안 그 노인의 얼굴을 상기합니다.

차치리(且置履)라는 사람이 어느 날 장에 신발을 사러 가기 위하여 발의 크기를 본으로 떴습니다. 이를테면 종이 위에 발을 올려 놓고 발의 윤곽을 그렸습니다. 한자(漢字)로 그것을 탁(度)이라 합니다. 그러나 막상 그가 장에 갈 때는 깜박 잊고 탁을 집에 두고 갔습니다. 신발 가게 앞에 와서야 탁을 집에다 두고 온 것을 깨닫고는 탁을 가지러 집으로 되돌아갔습니다. 제법 먼 길을 되돌아가서 탁을 가지고 다시 장에 도착하였을 때는 이미 장이 파하고 난 뒤였습니다. 그 사연을 듣고는 사람들이 말했습니다. "탁을 가지러 집에까지 갈 필요가 어디 있소. 당신의 발로 신어 보면 될 일이 아니오." 차치리가 대답했습니다. "아무려면 발이 탁만큼 정확하겠습니까?" 주춧돌부터 집을 그리던 그 노인이 발로 신어 보고 신발을 사는 사람이라면 나는 탁을 가지러 집으로 가는 사람이었습니다. 탁(度)과 족(足), 교실과 공장, 종이와 망치, 의상(衣裳)과 사람, 화폐와 물건, 임금과 노동력, 이론과 실천…….

이러한 것들이 뒤바뀌어 있는 우리의 사고(思考)를 다시 한 번 반성케 하는 교훈이라고 생각합니다.

나는 당신을 위로하기 위하여 이 이야기를 전하는 것이 아닙니다. '위로'는 진정한 애정이 아닙니다. 위로는 그 위로를 받는 사람으로 하여금 스스로가 위로의 대상이라는 사실을 확인케 함으로써 다시 한 번 좌절하게 하는 것이기 때문입니다.

(중략)

언젠가 우리는 늦은 밤 어두운 골목길을 더듬다가 넓고 밝은 길로 나오면서 기뻐하였습니다. 아무리 작은 실개천도 이윽고 강을 만나고 드디어 바다를 만나는 진리를 감사하였습니다. 주춧돌에서부터 집을 그리는 사람들의 견고한 믿음입니다. 당신이 비록 지금은 어둡고 좁은 골목길을 걷고 있다고 하더라도 나는 당신을 걱정하지 않습니다. 당신의 발로 당신의 삶을 지행하고 있는 한 언젠가는 넓은 길, 넓은 바다를 만나리라 믿고 있습니다. 그리고 그 길의 어디쯤에서 당신과 만날 수 있기를 기대합니다.

신영복 마지막 강의 담론

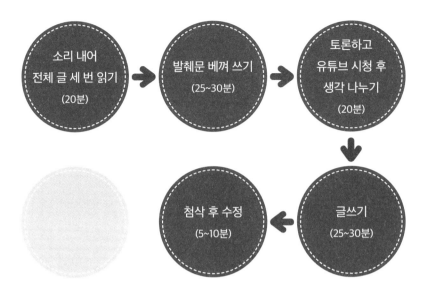

먼저 이 글을 소리 내어 읽게 했다. 세 번 반복해서 읽고(20분), 천천히 베껴 쓰기를 시작했다(25~30분). 그 다음 느낌을 말해 보게 했다. 진정한 성공을 하기 위해 어떤 노력을 기울여야 하는지에 대해 토론하고, 어떻게 사는 것이 드높은 삶인지에 대해서도 생각을 나눴다(20분).

생각을 나누며 토론하는 것까지는 아이들이 잘 따라와 주었는데 막상 글을 쓰라고 하자 여전히 힘들어 했다. 평소에 생각해 보지 않았던 '진정한 성공', '드높은 삶'이라는 것이 구체적으로 다가오지 않았던 것이다.

여전히 긴 글을 읽기 버겁다고 투덜대는 수빈이에게 "지금 당장 책 한 권은 다 읽지 못할 수도 있어. 그런데 한 꼭지만 제대로 읽어도 읽기 능력은 전보다 더 좋아질 거야."라고 다독여 가며 자기 생각을 글로 풀어낼 수 있도록 지도했다(25~30분). 베껴 쓰기의 최종 목표는 자기 글을 쓰는 것이다.

평소 생각해 보지 않았던 주제에 대한 글로 베껴 쓰기를 할 때는 해당 글을 읽기 전에 주제와 관련된 유튜브 영상을 보는 것도 도움이 된다.

작성자 : 정수빈

요즘은 보이는 결과로만 성공을 판단한다. 신영복 교수는 진정한 성공이란 무엇인지, 진정한 성공을 하기 위해서는 어떤 노력을 해야 하는지 묻는다.

진정한 성공이란 노력하는 자세를 잃지 않는 것을 말한다. 남과 비교를 통해서가 아니라 자신의 기준에서 얼마나 발전했나를 보는 것이다. 남과 비교해서 자신이 더 뛰어난 것은 진정한 성공이라고 할 수 없다. 대기업에 다니든 공장에서 기술을 배우든 상관없다. 어제의 나와 비교해서 더 나아졌으면 그것으로 성공이다.

신영복 교수는 또 실제 삶에 뿌리를 두고 펼치는 삶이 드높은 삶이라고 했다. 아무리 꿈이 크더라도 삶에 발을 붙이지 않은 꿈은 허황된 꿈일 뿐이다.

그렇다. 자신의 발로 자신을 지탱해 나갈 때 넓은 길을 만나고, 넓은 바다에 도달할 것이다.

주변 사람들하고만 관계를 맺기보다는 사회와 역사와 미래를 품는 넓은 마음을 가져야겠다는 생각을 했다.

UNIVERSITY

사설을 활용한
베껴 쓰기

보통 논술 학원에서 글쓰기를 지도할 때 주로 사설을 활용한다. 요즘은 학교에서 사설 분석을 숙제로 내주는 경우도 많다. 많게는 1주일에 2편 정도를 과제로 내주는 경우도 있지만 보통은 사설 1편을 분석하고 자기 생각을 써 오게 한다.

사설 수업을 하는 이유는 기본적으로 읽기 능력을 배양하기 위해서이다. 사설을 활용하면 주제를 파악하는 능력도 기를 수 있다. 사설은 타당한 근거를 바탕으로 글쓴이의 생각과 주장을 조리 있게 쓴 글이다. 따라서 핵심을 명료하게 전달할 수 있는 논리적인 사고를 터득할 수 있다. 신문사의 논설 주간이 독자를 설득시키는 다양한 전개 방식을 배울 수 있다.

또한 사설은 최근의 사회적 쟁점을 다루고 있기 때문에 시의성을 띠고 있다. 사설 안에는 광범위한 내용이 담겨 있어 읽기 연습을 폭넓게 할 수 있다. 또한 다양하고도 좋은 글감을 찾아낼 수 있다. 그래서 무엇을 써야 할지 고민하는 아이들에게 사설은 매우 효과적이다.

다음은 지도했던 아이들이 '안희정 사건'에 대해 쓴 내용들이다. 성폭력이라는 사안을 두고 아이들의 생각이 바뀌는 과정을 살펴보자.

베껴 쓰기의 효과를 증명하기 위해 팀을 나눠 수업을 했다. 한 팀은 전처럼 처음부터 자기 글을 쓰도록 하고, 다른 팀은 원문을 따라 쓰는 베껴 쓰기를 먼저 하도록 했다.

사설의 내용은 안희정 전前 충남지사가 전前 수행비서 김지은 씨를 성폭행한 사건이다.* 1심에서 검찰이 안 지사에게 4년 징역을 구형하여 논란이 되고 있다. 안 씨에게 적용된 '업무상 위력에 의한 간음'은 최고 징역 5년에 처할 수 있다. 하지만 1년 이상 실형이 선고된 예가 드물다고 한다. "잘못된 것을 바로잡을 수 있다는 희망만이 나를 살게 하는 유일한 힘"이라고 피해자 김지은 씨는 말한다. 사설은 그녀의 말이 헛되지 않도록 공정한 법의 판단을 요구하고 있다.

---

* 갈 길 먼 '미투' 현실 드러낸 '안희정 재판' (한겨레 사설 2018년 7월 27일)

갈 길 먼 '미투' 현실 드러낸 '안희정 재판'

안희정 전 충남지사의 성폭력 혐의 1심 재판에서 검찰이 4년 징역을 구형하며 내달 선고만을 남겨두게 됐다. 전 수행비서인 김지은 씨가 지난 3월 방송에 나와 피해를 고발한 이후 진행된 공방과 재판 과정은 우리 사회에 많은 질문을 던졌다. 어느 성폭력 피해자든 고통의 경중을 따질 순 없는 일이지만, 안 씨의 사건이 충격적이었던 건 부인할 수 없는 사실이다. '차기 유력 대선 후보'이자 평소 젠더 문제에 적극적으로 발언을 해 온 그이기에 더더욱 사회 곳곳에 뿌리 깊은 '권력형 성폭력' 문제를 적나라하게 드러냈다. 너나없이 #미투 이후 한국 사회는 달라져야 한다고 다짐했다. 하지만 이후 과정을 짚어 보면 근본적으로 얼마나 달라졌나 라는 생각을 지울 수 없다.

(후략)

다음은 베껴 쓰기 과정을 거치지 않은 수민이의 글이다. 이 글은 지문 그대로 옮겨 놓은 수준에 불과했다.

안희정 전 충남지사의 성폭력 혐의 1심 재판에서 검찰이 4년 징역을 구형하며 내달 선고만을 남겨두게 됐다. 전 수행비서인 김지은 씨가 지난 3월 방송에 나와 피해를 고발했다. 안 씨의 사건이 충격적이었던 건 차기 유력 대선 후보이자 평소 젠더 문제에 적극적으로 발언을 해 왔기 때문이었다. 사회 곳곳에 뿌리 깊은 '권력형 성폭력' 문제를 적나라하게 드러냈다.

베껴 쓰기를 진행한 팀은 먼저 원문을 소리 내어 세 번 읽게 했다(7~10분). 그 다음 모르는 어휘를 찾고, 사설과 관련된 유튜브의 동영상 '안희정 지사 성폭력(JTBC 뉴스룸 제공)'을 시청하게 했다(45~50분). 그 다음 소리 내어 한 번 더 읽어 보게 한 후 글의 흐름을 생각하면서 천천히 베껴 쓰기를 하게 했다(25~30분). 사설을 읽을 때는 집중해서 읽고, 원문을 베껴 쓰기 한 후에는 600~800자에 맞춰 글쓰기를 하도록 했다(30~40분).

물론 베껴 쓰기를 하지 않은 팀도 동영상 시청과 소리 내어 읽고 어휘 찾는 과정은 똑같이 진행했다.

원문 세 번 읽기 (7~10분) → 주제문 찾고 동영상 시청 (45~50분) → 베껴 쓰기 (25~30분) → 글쓰기 (30~40분)

베껴 쓰기 과정을 거치지 않았던 아이들은 원문을 읽은 후 자신의 생각을 글로 쓰는 것을 난감해 했다. 글을 써 보라고 하면 몇 시간이고 꾸물대기 일쑤였다. 그런데 베껴 쓰기 과정을 거치고 나니 아이들은 사설 내용이 충분히 이해가 됐는지 어려워하지 않고 바로 글을 쓰기 시작했다.

평소처럼 자신의 생각이 충분히 드러나도록 쓰라고 했다. 글의 첫 부분에서 독자의 시선을 끌어야 한다. 육하 원칙에 의해 사건을 정리한다. 이는 독자에게 정보를 주는 방식이다. 쉽게 읽히도록 문장을 짧게 쓰는 것이 중요하다. 거기에 자신의 경험을 담은 일화를 넣으면 글이 풍성해진다.

글의 중간 부분은 사건에 대한 자신의 생각, 즉 메시지를 전달한다. 피해자 김지은 씨의 용기라든가, 성폭력에 대한 대처 방안 등에 대해 언급한다.

작성자 : 이소율

김지은 씨가 용기를 낸 것은 참 잘한 일이다. 안희정 지사와 관련된 또 다른 여성들이 김지은 씨를 보면서 용기를 낼 수 있으면 좋겠다. 요즘 우리나라의 많은 여성들이 성폭력에 노출되어 있다. 이를 막기 위해서는 여성들은 적극적으로 자신의 의사 표시를 해야 한다. 싫다고 단호하게 거부해서 피해를 막아야 한다. 또한 성폭력 가해자에 처벌 강도를 높여야만 한다. 솜방망이

처벌로 또 다시 성폭력을 저지르게 해서는 안 된다. 남자들이 성폭행을 하는 이유는 대체로 성에 대한 잘못된 생각으로 죄를 짓는 경우가 많다. 따라서 청소년기에 성에 대한 올바른 의식을 갖도록 제대로 된 성교육이 필요하다.

소율이는 김지은 씨의 용기에 지지를 보냈다. 또 성폭력 가해자의 처벌 강도를 문제삼았다. 아울러 현실에 맞는 올바른 성교육이 필요하다는 점도 언급했다.

작성자 : 김민서

김지은 씨는 자신의 모든 것을 걸고, 용기를 내어 방송에서 안희정의 만행을 고발했다. 그러한 만행에도 불구하고 안희정이 1심 재판에서 받은 형량은 4년 징역에 불과했다. 하지만 내달 선고도 남아 있을 뿐더러, 1년 이상 실형이 선고된 예도 정말 보기 드물다고 한다. 그에 비해 김지은 씨는 수많은 사람들에게 비난을 받고 있다. 심지어 그녀가 증거 자료로 낸 병원 진단 기록까지 선정적인 제목으로 매스컴에 내보내졌다. 김지은 씨는 다른 피해자들에게 용기를 주고 싶어서 방송을 한 것이었다. 국민들에게 보호를 받고 싶다고도 했다. 하지만 네티즌의 뭇매를 맞고 있는 그녀를 보며 많은 성폭력 피해자들이 숨어 버렸다. 오히려 피해자들에게 두려움을 심어 주게 된 것이다. 이런 사태들을 막기 위해선, 더 많은 성폭력 피해자들이 서로 연대해서 피해 사실을 적극적으로 알려야 한다. 또한, 성폭력을 당하지 않도록 더 강력하게 뿌리쳐야 한다. 김지은 씨는 J사 인터뷰에서 자기가 할 수 있는 최대한의 거부를 했다고 했지만, 안희정 지사는 심각하게 받아들이지는 않았던 것 같다. 김지은 씨는 자신은 웬만하면 참고 하는 성격이라 자기가 싫다고 했기 때문에 안지사가 알아들을 것이라고 했다. 단호하게 자신의 의사 표명을 했어야 했다. 제대로 된 거부 의사를 밝혔으면 과연 성폭행을 당했을까 하는 의문이 든다.

민서는 피해 여성들의 연대를 주장했다. 적극적인 거부 의사를 밝히지 못했던 김지은 씨에 대해 아쉬움을 나타냈다.

두 아이의 마무리 글도 살펴보자.

작성자 : 이소율

안희정 지사는 4년 징역을 선고받았지만 현실적으로는 1년 이상 실형을 사는 사람이 없었다. 따라서 처벌을 좀 더 강화해서 제2의 안희정 같은 사람이 생기지 않도록 해야 한다. 두려움에 덜덜 떨고 있는 김지은 씨를 사회에서 잘 감싸 주어야 한다.

작성자 : 김민서

김지은 씨는 안희정 지사와 관련된 또 다른 성폭력 피해자가 있다고만 하고, 그것에 대해 어떤 얘기도 하지 않았다. 국민들에게는 '알 권리'가 있다. 만약 그녀가 정말 국민들에게 보호를 받고 싶었다면, 그 사건까지도 얘기해야 마땅하다.

아울러 우리나라의 어린이, 청소년 성교육에도 문제가 있다고 생각한다. 학생들이 집중을 하고 듣게 하려면 관심을 끌게 해야 한다. 유용하지도 않고 관심도 없는 생물학적인 얘기만 하고 있으니 당연히 아이들은 성교육 시간을 지루해 하고 집중도 안한다.

제2의 김지은 씨 같은 피해 여성이 나오지 않기를 바란다.

글을 다 쓴 후 아이들끼리 서로 피드백을 했다. 우월적 지위에 있는 사람에게 강력하게 거부하는 것은 쉽지 않았을 거라는 말도 나왔다. 가해자는 직장 상사이다. 말하자면 피해자의 생사여탈권을 갖고 있다. 이런 상황에서 피해자는 감히 거부할 수 없었을 것이다. 아이들은 법이 그것을 헤아리지 못했다고 안타까워하며 피드백 시간을 마무리했다.

글을 쓰라고 하면 몇 줄 쓰고 말았던 아이들이다. 그런 아이들이 베껴 쓰기를 하고 난 후 원문을 복사한 수준이 아닌 자신의 생각이 드러난 글을 썼다. 또 원문을 요약 정리해서 적절히 표현하기도 하고, 자신의 주장에 조목조목 근거를 들어 활용하기까지 했다.

　아이들은 읽기만 했을 때보다 베껴 쓰기를 하니 기억에 더 남았고 내용도 정확하게 이해가 됐다고 한다. 그러면서 앞으로 어려운 지문이 나오면 한 번씩 써 봐야겠다고 말한다. 의도하지 않은 결과였다. 베껴 쓰기만 제대로 해도 이렇게 달라졌다는 사실이 놀라웠다.

칼럼을 활용한
베껴 쓰기

글쓰기 주제에 대한 배경지식이 있으면 글을 훨씬 쉽게 쓸 수 있고 내용 또한 풍부해진다. 글쓰기 실력뿐만 아니라 배경지식을 넓히고 싶을 때 활용하는 것이 '칼럼 베껴 쓰기'이다.

배경지식을 넓히기 위해서는 칼럼 한 편을 10번 베껴 쓰는 것보다 소재가 다른 칼럼들을 한 번씩 베껴 쓰기 하는 것이 더 낫다. 이렇게 하면 배경지식을 쌓을 수 있을 뿐만 아니라 다양한 글감을 얻을 수 있다.

칼럼을 활용할 때는 가장 먼저 각 단락별 소주제문을 찾아서 밑줄을 그은 다음 본격적으로 베껴 쓰기를 시작한다. 같은 칼럼을 여러 번 반복하여 읽고 베껴 쓰기를 하면서 글의 구조를 파악한다. 그 후 본격적으로 나만의 글쓰기를 시작한다.

나만의 글을 쓸 때 가장 먼저 해야 할 것은 '브레인스토밍'이다. 브레인스토밍은 말 그대로 뇌에 폭풍을 일으키듯이 수많은 아이디어를 끄집어내는 것이다. 시간을 정해 놓고 떠오르는 생각들을 재빨리 종이에 적는다. 이때 질보다는 양이 중요하다.

보물 창고에 보물을 차곡차곡 넣어 놓듯이 떠오르는 아이디어를 적어 보는 브레인스토밍이 끝났으면 이제 마인드맵으로 분류를 해야 한다. 마인드맵은 상위 개념과 하위 개념으로 분류하고 범주화하는 것을 말한다. 주제와 관련된 것, 출처가 분명한 것, 자신이 공감할 수 있는 것 등을 분류해 본다. 분류를 하다 보면 필요하지 않은 것들이 자연스럽게 제거된다.

분류한 자료를 토대로 주제에 맞게 구상한 다음 처음-중간-끝 중 어느 부분에 사용할지 순서를 정한다. 이렇게 글의 뼈대를 잡고 그 구조에 맞추어 정리하다 보면 어렵지 않게 한 편의 글이 완성된다.

다음은 칼럼을 활용한 베껴 쓰기를 한 채민이가 쓴 글이다. 한 편의 완성된 글을 쓰기 위해 신문에서 칼럼 한 편*을 골랐다.

---

* 서은국 교수의 '소셜미디어 속 멋진 인생에 흔들리지 마라'
  http://news.chosun.com/site/data/html_dir/2017/07/23/2017072302220.html

곤히 자고 있는 당신의 이마에 누군가가 밤에 낙서를 해 놓았다고 하자. 붉은 펜으로 커다란 X자 표시를 한 것이다. 이 테러를 최초로 목격하는 시점은 아침에 양치하며 거울을 볼 때다. 이때의 반사적 반응은? 당연히 손을 이마로 가져가 낙서를 지우지, 거울을 닦지는 않을 것이다. 그러나 우리가 '당연'한 것으로 생각하는 이 행위(이마 만지기)는 사실 고도의 사회적 지능을 갖춘 동물만이 보이는 수준 높은 반응이다. 실제로 이 예시는 심리학자들이 일명 붉은 점 테스트(red dot test)라고 부르는 실험의 요약본인데, 이때 거울이 아닌 자신의 신체로 주의를 돌리는 동물은 돌고래, 침팬지, 그리고 인간 정도다. 자신이 세상에 어떻게 보이는지를 지각한다는 뜻이다.

자신과 세상과의 관계를 이해하는 시각은 크게 두 가지다. 하나는 1인칭의 관점인데, 자신의 깊은 어딘가에서 바깥세상을 내다보는 듯한 느낌을 말한다. 하지만 인간은 자신이 타인의 눈에 어떻게 보일지를 그려 보는 3인칭의 관점을 채택하기도 한다. 그래서 나의 행동, 옷차림이나 말이 다른 사람에게 어떤 인상을 줄지를 상상한다. 사회적 동물에게 꼭 필요한 사고 능력이다. 제대로 걷지도 못하는 영아들도 이런 고차원적인 사회적 사고를 한다. 그래서 붉은 점 테스트에서 거울이 아닌 자신의 이마로 손을 뻗는다.

타인의 평가를 외면하는 사회적 동물은 제대로 생존할 수 없다. 하지만 행복해지기 위해서는 타인에 대한 이 본능적 관심을 조금 누르고 다스릴 필요가 있다. 여러 소셜미디어 매체를 통해 수많은 사람과 접촉이 가능해진 세상에서는 더욱 그렇다. 소셜미디어는 남들로부터 자신이 꽤 그럴듯한 사람임을 확인받고 싶은 욕망을 자극한다. 그래서 이 공간의 작품들은 철저한 내부 검열을 거친 후 전시된다. 자신 있는 각도의 얼굴이나 멋진 여행지 사진은 검열에 통과하지만, 성형 전 얼굴이나 거실에 쌓여 있는 빨랫감 사진들은 걸린다. 그런데 이렇게 우아하게 편집된 '남들의 인생'을 계속 보게 되면 자신의 삶은 상대적으로 뭔가 시시하다는 느낌을 갖게 될 수 있다.

(중략)

많은 사람이 소셜미디어가 삶을 윤택하게 만든다고 믿지만, 지나친 몰입은 오히려 역효과가 있다는 것을 보여주는 연구다. 그 이유는 인간의 뇌는 늘 사회적 맥락에서 자신과 남을 비교하며 자신을 이해하기 때문이다. 예를 들어, 외로움으로 자살하는 사람들이 실내에서 생활하는 연말보다 봄과 초여름에 더 많다는 연구도 있다. 마치 자신만 빼고 온 세상이 파티를 하는 듯한 모습을 봄에 더 쉽게 볼 수 있기 때문이다.

사이버 세상에서 접하는 인생들 대부분이 미화된 작품인 것을 누구나 머리로는 안다. 그렇지만 타인에게 초미의 관심을 갖도록 설계된 우리의 마음은 정서적으로 위축되고 흔들릴 수 있다. 정보의 홍수 속에 살다 보면 자기 인생보다 소란스러운 바깥을 더 자주 보게 된다. 하지만 누구나 인생 한구석에 소중히 간직하고 있는 귀한 공간이 있을 것이다. 그 특별한 공간을 음미하는 것도 행복의 지혜다. 모든 것을 전시할 필요는 없다.

먼저 내용을 소리 내어 읽게 한 다음 단락별 소주제문을 스스로 찾아서 쓰게 했다(8~10분). 그 후 나와 함께 한 단락씩 읽으면서 채민이가 찾은 소주제문이 맞는지 확인했다(15~20분).

다음은 채민이가 찾은 소주제문이다. 채민이는 전체적으로 소주제문을 피상적으로만 찾아냈다. 단락의 핵심만 찾는 것보다 그 내용을 축약하는 것이 좋다고 설명해 주고 소주제문을 함께 정리해 보았다.

첨삭 지도

- 붉은 점 테스트에 따르면 인간만이 자신이 세상에 어떻게 보이는지 지각한다고 한다.
  ☞ 붉은 점 실험 결과 소수의 고등 동물만이 자신이 세상에 어떻게 보이는지 지각한다고 한다.

- 자신과 세상과의 관계를 이해하는 시각은 크게 두 가지다.
  ☞ 자신과 세상과의 관계를 이해할 때 인간은 3인칭의 관점을 택하기도 한다.

- 행복해지기 위해서는 타인에 대한 본능적 관심을 거둘 필요가 있다.
  ☞ 소셜미디어가 만연한 사회에서 행복해지려면 타인에 대한 관심을 억제

할 필요가 있다.

- 소셜미디어의 지나친 몰입은 역효과가 있다.
☞ 소셜미디어의 지나친 몰입은 자신과 타인을 비교하게 만들어 역효과를
불러올 수 있다.

- 정보의 홍수 속에서 자신만의 공간을 음미하는 것이 행복이다.
☞ 정보의 홍수 속에서 자신만의 공간을 즐기는 것이 행복의 지혜다.

소주제문을 다 찾았으면 브레인스토밍을 해야 한다. 브레인스토밍
을 통해 채민이의 생각을 다음과 같이 적었다(3분).

정제된 삶을 보여주는 SNS, 과시욕, 과소비, 강박감, SNS 과몰입, 인정 욕
구, 상대적 박탈감, 외로움, 불행, 자신과 비교, 열등감, 우울함, 현실과의
괴리감, 부러움, 시시함, 편집, 잘난 척, 가짜, 허전함, 멍때리기, 시간 낭
비, 잠시 멈춤, 특별한 나, 행복, 인스타그램, 스마트폰, 친구의 게시물, 카페
인 우울증, 소소한 일상, 연출, 자기 검열, 허탈감, 자존감 추락, 자괴감, 알
베르 까뮈

브레인스토밍에서 나온 아이디어를 마인드맵으로 분류한 후 다음과 같이 글의 뼈대를 구성했다(20~25분).

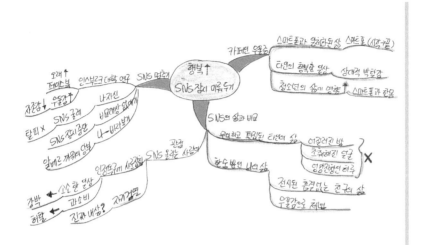

처음: 청소년의 관점에서 본 카페인 우울증

중간: SNS의 삶을 자신과 비교하는 관점과 괴리감

　　　자신의 삶을 SNS에 올리는 사람의 관점

끝: 　SNS를 잠시 멈추고 내 삶을 바라보다

이 모든 과정을 끝낸 후 채민이는 글을 써내려 갔다(50~55분). 채민이가 완성한 글은 전체적으로 크게 첨삭할 것이 없었다. 다만 긴 문장 몇 개만 단문으로 나누게 했고, 문장의 호응이 좋지 않는 부분만 체크해 주었다.

다음은 베껴 쓰기를 통해 채민이가 완성한 1,700자 정도의 글이다.

당신의 행복을 위해, SNS는 잠시 미뤄두셔도 좋습니다.

작성자 : ○○고등학교 2학년 4반 권채민

대부분의 청소년들은 스마트폰의 알람으로 시작해 스마트폰을 충전기에 꽂으며 하루를 마무리합니다. 스마트폰으로 시작해 스마트폰으로 끝나는 청소년들의 삶은 스마트폰이 얼마나 그들의 삶에 영향을 미치는지 알 수 있습니다. 혹시 카페인 우울증이라고 아시나요? 카페인 우울증이란 SNS에서 타인의 행복한 일상을 보면서 상대적 박탈감을 느끼는 것을 말합니다. 현대인 중 많은 사람들이 한번쯤은 겪어 보는 카페인 우울증은 스마트폰이 삶과 일체화된 청소년의 삶에 영향을 미칠 가능성이 높습니다.

SNS에는 아름답고 행복하도록 정제된 일상이 올라옵니다. 반대로 어질러진 방, 초췌해 보이는 얼굴 그리고 엉망진창인 하루는 절대 올라오지 않습니다. 이것을 간과한 청소년들은 SNS에 지나치게 몰입한 나머지 SNS에서의 삶과 자신의 삶을 비교합니다. SNS에 올라온 사람의 삶이 그 사람의 전부가 아니라는 걸 알면서도 말입니다. SNS 속 사람들의 삶과 자신의 삶을 비교하며 상대적 박탈감, 현실과의 괴리감 그리고 열등감을 느낍니다.

다들 한번쯤 느껴 본 적 있으실 겁니다. 저도 있습니다. 밤에 학원에서 천근만근인 몸을 이끌고 집에 돌아와 스마트폰을 켜 인스타그램에 들어갑니다. 그리고 오늘 하루를 멋지게, 하나의 흠도 없이 보낸 듯한 친구의 게시물을 보며 한숨을 쉽니다. 나는 오늘 하루 무엇을 하고 지냈는지, 과연 행복한지 여러 가지 생각들이 머릿속에 스치게 됩니다. 결국은 우울감에 빠져 침대에 쓰러져 눕습니다. 모두가 그럴 것이라고 일반화할 수는 없겠지만 청소년들 대부분이 SNS를 보다가 우울감에 젖어 잠이 든 적이 있을 겁니다. 그리고는 점점 더 카페인 우울증에 빠져 들어갈 겁니다.

이제 시점을 돌려봅니다. 당신이 팔로워 수가 많은 SNS의 주인이라고 가정해 봅시다. SNS상에서 당신이 꽤 그럴 듯한 사람임을 인정받고 싶은 욕망에서 시작하였을 겁니다. 처음에는 소소한 일상을 올리기 시작했을 겁니다. 팔로워 수가 조금씩 늘어 가는 것에 대해 뿌듯해 합니다. 그러나 당신은 팔로워가 늘어 갈수록 더 그럴 듯하게 멋져 보이는 것들을 올려야 한다는 강박감에 시달립니다. 그리곤 그러한 상황을 연출하기 위해서 과소비도 서슴지 않겠지요. 팔로워가 적더라도 마찬가지입니다. 더 멋진 게시물을 올려야 한다는 강박에 계속해서 자기 검열을 할 겁니다. "여긴 코가 이상해. 여긴 다리가 일그러져 보여."하고 말입니다. 과도한 자기 검열 끝에 게시물을 올렸지만 행복하지는 않고 허탈감만 밀려옵니다. '과연 이게 진짜 내 삶일까?' 하는 생각이 듭니다.

실제 2014년 오스트리아 인스브루크 대학의 연구에 따르면 "페이스북을 오래 사용할수록 우울감을 쉽게 느끼고 자존감도 떨어진다"는 연구 결과를 내놓았습니다. 과도한 SNS의 몰입은 역효과를 일으킨다는 연구 사례 중 하나입니다. 하지만 저는 자아 성찰을 통해 SNS의 굴레로부터 벗어나라고 당당하게 말할 수 없습니다. 저도 다른 사람의 SNS를 보며 제 자신을 돌아보게 됩니다. 그럴 때마다 자괴감에 빠졌으며, 남들보다 느리고 뒤떨어졌다는 생각에 괴로워했습니다. 이럴 때 SNS를 잠시 중단하는 것도 좋은 방법입니다. 적어도 비교할 대상이 사라지기 때문입니다. 당신의 삶에 자괴감을 느끼지 않았으면 좋겠습니다. "행복해지려면 다른 사람을 지나치게 신경 쓰지 마라."라는 알베르 까뮈의 당부가 유효한 까닭입니다.

UNIVERSITY

논문 베껴 쓰기로
A+ 보고서 완성하기

중학교 때부터 공부를 잘해서 좋은 대학에 입학해 주변의 부러움을 사던 시율이가 찾아왔다. 아무리 '4월은 잔인한 달'이라고 하지만 명문대에 간 아이의 표정이 너무 어두웠다. 무슨 일이냐고 물었더니 중간고사 때문에 걱정이란다.

"왜 걱정이야. 공부도 잘하는 시율이가? 고등학교 때처럼 성실하게 준비하면 되지. 시험 보는 건 선수잖아." 했더니 "아니에요, 선생님. 논술식으로 쓰는 것도 몇 개 되고, 보고서를 제출해야 하는 것도 몇 과목 있어요." 한다.

자료 찾아서 메꾸어 보는 건 어찌어찌 하면 되겠는데 글 쓰는 건 도무지 엄두가 안 난다며 한숨을 내쉬는 시율이에게 내린 처방은 '잘 쓴 논문 베껴 쓰기'이다. 이때 논문에 나온 토시 하나 빼먹지 말고 그대로 베껴 쓰기를 해 보라고 했다.

시율이의 소논문 지도를 위해 〈영상물의 인지심리학적 이해-독일 TV 광고 분석〉*을 활용했다. 먼저 참고하고자 하는 논문을 해체했다. 논문의 구성을 익히기 위해 목차부터 베껴 쓰게 했다.

목차

1. 들어가며
2. 영상물과 인지심리학
　　2.1. 인지심리학의 기본 전제
　　2.2 광고와 인지심리
3. 독일 TV 광고 분석
　　3.1 광고의 인지적 효과
　　3.2 광고의 심리적 효과
4. 나오며
＊ 참고문헌

---

* 〈영상물의 인지심리학적 이해-독일TV광고분석〉, 윤종욱, 한국독어독문학교육학회, vol.54,-no.54(2010), p.293-317.

목차를 베껴 쓰면 소논문의 틀을 자연스럽게 알 수 있다.

이 논문의 서론 부분에는 기존 연구에 대한 문제 제기와 연구사 검토, 연구 목적, 연구 대상, 연구 방법이 나와 있다.

'영상물의 인지심리학적 이해'라는 주제에 맞게 본론1에는 영상물의 인지심리학에 대해 언급하면서 광고와 인지심리의 관계에 대한 내용이, 본론2에는 독일 TV 광고 분석을 인지적 효과와 심리적 효과로 주장하는 내용이 담겨 있다. 결론에서는 본론의 주장을 요약한 다음 제언으로 마무리를 했다.

목차를 통해 논문의 구성을 파악했다면 이번에는 예시로 든 논문의 주장과 근거가 정확하게 드러나 있는지 찾아보게 했다. 주장을 펼치고 근거를 제시하는 방법은 손으로 익히게 했다. 며칠에 걸쳐 한 편의 논문을 베껴 쓰게 했다. 그 후 다른 논문 두세 편을 반복해서 부분 필사를 시켰다.

이 과정을 거치고 난 시율이는 얼마 안 있어 보고서를 잘 쓸 수 있게 되었다. 중간고사와 기말고사에서 A+를 받았다고 밝은 목소리로 알려 주었다.

욕심이 많은 시율이는 나와 함께했던 논문 베껴 쓰기 외에도 다양한 논문을 찾아 반복해서 훈련했다. 보고서를 못 쓰겠다고 걱정할 때와 달리 목차부터 체계적으로 짜 왔다.

다음은 시율이가 작성한 〈노장철학의 종교학적 이해〉라는 보고서의 목차이다.

Ⅰ. 서론

Ⅱ. 본론

1. 종교학적 관점

  1) 종교의 정의

  2) 기시모토 히데오의 관점에서 본 도교

2. 노장사상의 도의 개념과 도교의 도의 개념

  1) 노자의 도 개념

  2) 장자의 도 개념

  3) 도교의 도 개념

  4) 초기 도교에 대한 앙리 마스페로의 견해

  5) 노장의 도를 계승 및 변형시킨 도교에 대한 평가

3. 초기 도교의 철학 사상

  1) 오두미도와 태평도

  2) 오두미도와 태평도의 사상

Ⅲ. 결론

Ⅳ. 참고문헌

시율이는 체계적으로 짠 목차에 맞춰 찾은 자료들을 활용해 자신의 주장을 훌륭하게 펼쳐냈다.

이 논문의 목적은 노장 사상이 초기 도교의 형성에 어떠한 영향을 미쳤는지를 밝히는 것이다. 구체적으로 태평도와 오두미도를 중심으로 그들의 사상 안에, 노장 철학과의 연관성을 밝히고, 초기 도교의 사상적 지침서인《태평도》와《노자상이주》를 살펴볼 것이다. 그리고 초기 도교의 역사적 흐름에 대해서도 검토할 것이다.

이를 달성함으로써, 노장 사상이 현실 속에서 어떤 모습으로 등장하였는지에 대하여 이해를 도모하려 한다. 베르나르가 말했듯이 '거인의 어깨 위에 선 난쟁이'가 더 넓은 세상을 볼 수 있다고 한다. 1차 자료보다는 다른 연구자들에 의해 수행된 2차 자료들을 중심으로 본고를 진행할 것이다.

시율이는 목차의 순서대로 주장과 그에 타당한 근거를 들어 본론을 전개한 다음 결론을 잘 마무리했다.

결론

노장 사상에서의 '도'는 우리가 알고 느낄 수 있는 것, 알고 느꼈던 것 그리고 알고 느낄 수도 있는 모든 것들을 창조하고 운행하는 절대적인 원리이다. 스스로 그러하기 때문에, '자기 원인'이라고 정의하여도 무방하다. 노장 사상은 이것에 따라 사는 것이 올바른 삶이라고 주장한다. 하지만 도교에서는 인간이 이것을 보전한다면, 장생불사를 추구할 수 있다고 주장한다. 앞서 언급한 《상이주》의 내용처럼, '일'은 곧 '도'이고, 이를 처음으로 주장한 노자는 '대상노군'의 칭호를 얻고, 종교적 신비화의 과정을 거치며 신격화된다.

(후략)

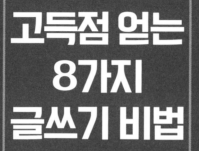

고득점 얻는
8가지
글쓰기 비법

3부

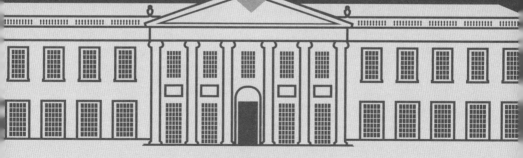

첫 문장에 올인하라

글쓰기 앞에서 늘상 주눅 드는 아이들

정은이가 학교에서 오자마자 한숨을 내쉰다. 내일 독서감상문대회인데 어떻게 써야 할지 모르겠다고 한다. 대수롭지 않게 "잘 쓰면 되지." 했더니 대뜸 어떻게 쓰는 것이 잘 쓰는 거냐고 되묻는다.

"어떻게 잘 쓰지요?"

"'어떻게'가 아니라 '무엇'을 쓸지부터 정해야지."라고 말하니 또 "그럼 뭘 쓸까요?" 하고 묻는다. 네 생각을 쓰면 된다고 하니 정은이는 고개를 갸우뚱하며 말한다.

"아무 생각이 없는데요."

　며칠 뒤 재하도 걱정 가득한 얼굴을 하고 왔다. 내일 교내 백일장대회를 하는데 뭘 써야 할지 모르겠다며 난감해 한다. 재하는 꽤 오랫동안 논술 학원을 다녔는데도 글쓰기를 할 때마다 매번 이런 반응이다. 왜 아니겠는가. 유명 작가들도 글을 쓸 때마다 "겨우 쓴다"고 하는데 하물며 공부하는 학생들이야 말해 무엇하리.

　백일장 연습도 할 겸 글쓰기 수업을 하는데 재하는 한 글자도 못 적고 있었다. 왜 글을 안 쓰냐고 물었더니 첫 문장을 어떻게 시작해야 할지 몰라서 고민하고 있단다.

명언을 활용하여 첫 문장 쓰기

　동네 보건소에서 걷기 프로그램을 모집한다기에 덜컥 신청해 버렸다. 며칠 뒤 막상 가는 날이 되자 은근히 꾀가 나고 가기가 싫어졌다. 안 가도 되는 이유를 백만 가지쯤 생각하다가 수업 시간이 촉박해서야 겨우 집을 나섰다.

　참석해 보니 웬걸 안 갔으면 큰일날 뻔했다. 그 분야의 전문가가 나와서 운동화 신는 법부터 걷기의 종류, 걷기의 방법 등을 상세하게 설명해 줄 뿐만 아니라 두 시간 가까이 걷는 동안 한 명 한 명 자세까지 교정해 주었다. 무료 수업이라 크게 기대하지 않았는데 수업 내용이 알차고 좋아서 매우 만족스러웠다.

수업이 끝나고 집에 와서 후기 글을 올렸다.

"네가 닿지 않는 것에 선의를 갖고 대하면 언젠가 그것이 네 것이 된다."라는 프리드리히 니체의 글을 인용해 첫 문장을 쓰기 시작했다. 그리고 운동이라는 익숙하지 않은 것에 호의를 가졌더니 좋은 경험을 할 수 있었다는 요지로 글을 써내려 갔다. 내가 쓴 후기 글을 보고 구청장이 너무 좋아했다며 보건소 직원이 직접 나에게 전해 주었다.

재하에게 걷기 프로그램 후기를 쓴 이야기를 해 주었다. 첫 문장은 읽는 이의 눈길을 끌 수 있어야 되기 때문에 멋진 말이 필요하다고 말해 주었다. 그러면서 유명인의 인용문도 적절히 활용해 보라고 귀띔해 주었다. 이때 인용문은 글의 주제를 강화하는 데 도움이 되는 글이어야 한다.

유독 내 이야기를 집중해서 듣던 재하는 니체의 명언이 너무 좋다며 암기할 정도로 몇 번씩 베껴 쓰기를 했다. 그리고 다행스럽게도 백일장의 글제가 '습관'이어서 수업 시간에 이야기해 준 니체의 글을 인용해 첫 문장을 잘 썼다고 했다. 결과는 물론 대성공이었다. 몇 주 뒤 재하는 백일장 대상을 자랑스레 들고 왔다.

유명 작품의 첫 문장 활용하기

해가 바뀌어도 글쓰기 앞에서 주눅 드는 아이들에게 '무엇을 쓸 것인지'부터 먼저 정해 보라고 한다. 글의 주제를 정하고 나면 첫 문장을 제일 신경 써야 한다고 가르친다. 그러고는 첫 문장으로 유명한 몇 편의 고전을 예시로 보여 준다.

글을 쓸 때 첫 문장에 임팩트를 줘야 한다. 첫 문장에 적합한 강렬한 문구가 생각나지 않을 때는 첫 문장만 모아 놓은 사이트를 찾아보는 것도 도움이 된다. 또는 집에 있는 책에서 첫 문장만 찾아서 정리해 보는 것도 좋다. 이렇게 모범이 될 만한 첫 문장들을 섭렵한 후 그것을 인용하면 된다.

가장 좋은 것은 스스로 강렬한 첫 문장을 만드는 것이다. 첫 시작이 다른 아이들과 다르기 때문에 읽는 이의 시선을 끌 수 있다. 어떤 글쓰기 대회에서든 첫 문장에서 눈길을 끌게 되면 당연히 좋은 결과를 얻을 수 있다. 첫 문장에 힘을 쏟아야 하는 이유이다.

글을 쓸 때 인용하기 좋은 첫 문장

분노를 노래하소서, 여신이여.　　　　　　　　　　　　　—《일리아스》

태초에 하나님이 천지를 창조하시니라.　　　　　　　　　—《창세기》

전도자가 이르되 헛되고 헛되며 헛되고 헛되니 모든 것이 헛되도다.

　　　　　　　　　　　　　　　　　　　　　　　　　　—《전도서》

배우고 틈나는 대로 익히면, 또한 기쁘지 아니한가. 벗이 있어 멀리서
찾아오면 또한 즐겁지 아니하겠는가. 남이 나를 알아주지 아니하여도
노여워하지 아니하면, 또한 군자가 아니겠는가?　　　　　—《논어》

태초에 말씀이 계시니라 이 말씀이 하나님과 함께 계셨으니 이 말씀은
곧 하나님이시니라.　　　　　　　　　　　　　　—《요한의 복음서》

대저 천하의 대세란 오랫동안 나뉘면 반드시 합하게 되고, 오랫동안 합
쳐져 있다면 반드시 나뉘게 된다.　　　　　—《삼국지연의》, 나관중

조물주가 창조한 모든 것은 선하나, 인간의 손안에서 모든 것은 타락한다. ─《에밀》, 장자크 루소

재산 꽤나 있는 독신 남성은 꼭 아내를 원하고 있을 것이라는 점은 누구나 인정하는 보편적 진리이다. ─《오만과 편견》, 제인 오스틴

그날에 산책을 할 가능성은 없었다. ─《제인 에어》, 샬럿 브론테

하나의 유령이 유럽을 떠돌고 있다. 공산주의라는 유령이. ─《공산당 선언》, 카를 마르크스&프리드리히 엥겔스

나를 이스마일이라 부르라. ─《모비 딕》, 허먼 멜빌

"하늘은 사람 위에 사람을 만들지 않았고, 사람 아래에 사람을 만들지 않았다."라고 말해지곤 한다. ─《학문의 권장》, 후쿠자와 유키치

행복한 가정은 모두 비슷해 보이지만 불행한 가정은 저마다의 이유가 있다. ─《안나 카레니나》, 레프 톨스토이

나는 고양이다. 이름은 아직 없다.

─《나는 고양이로소이다》, 나쓰메 소세키

모든 아이들은, 한 사람만 빼고, 자란다.　　　　―《피터 팬》, 제임스 M. 배리

나는 그를 항상 선생이라고 불렀다. 그러므로 여기서도 그냥 선생이라고 쓸 뿐, 본명은 밝히지 않는다.　　　　―《마음》, 나쓰메 소세키

어느 날 아침 그레고르 잠자가 편치 않은 꿈에서 깨어났을 때 그는 침대 속에서 한 마리의 엄청나게 큰 갑충으로 변해 있는 자신의 모습을 발견했다.　　　　―《변신》, 프란츠 카프카

지금보다 더 어리고 쉽게 상처받던 시절, 아버지는 내가 계속 마음에 새기고 있는 충고 한마디를 해 주셨다. "언제든 남을 비판하려거든 모든 세상 사람들이 네가 있던 유리한 위치에 놓여 있지 않았다는 것만 기억해라."　　　　―《위대한 개츠비》, 프랜시스 스콧 피츠제럴드

"이봐, 지옥으로 가는 거야!"　　　　―《게잡이 공선》, 고바야시 다키지

박제가 되어버린 천재를 아시오?　　　　―《날개》, 이상

국경의 긴 터널을 빠져나오자, 설국이었다. 밤의 밑바닥이 하얘졌다. 신호소에 기차가 멈춰 섰다.　　　　―《설국》, 가와바타 야스나리

햇살은 대안 없이, 새로울 것도 없이 빛났다.　　　　—《머피》, 사뮈엘 베케트

오늘 엄마가 죽었다. 아니 어쩌면 어제. 잘 모르겠다.

—《이방인》, 알베르 카뮈

부끄럼 많은 생애를 보냈습니다. 저는 인간의 삶이라는 것을 도무지 이해할 수 없습니다.　　　　　　　—《인간실격》, 다자이 오사무

맑고 쌀쌀한 4월의 어느 날이었다, 그리고 시계는 13시를 가리키고 있었다.　　　　　　　　　　　　　　　—《1984》, 조지 오웰

그는 멕시코 만류에서 홀로 돛단배를 타고 고기잡이를 하는 노인이었다. 팔십하고도 나흘이 지나도록 그는 고기를 한 마리도 잡지 못했다.

—《노인과 바다》, 어니스트 헤밍웨이

과거는 외국이다. 거기서 사람들은 다르게 산다.

—《중개자》, L. P. 하틀리

바다는, 크레파스보다 진한, 푸르고 육중한 비늘을 무겁게 뒤채면서, 숨을 쉰다.　　　　　　　　　　　　　　—《광장》, 최인훈

태우는 것은 즐거웠다.　　　　　　　　　　　—《화씨 451》, 레이 브레드버리

그래, 사실이다. 나는 정신 병원에 수용된 환자다. 나의 간호사는 거의 한눈도 팔지 않고 감시 구멍으로 나를 지켜본다. 하지만 간호사의 눈은 갈색이기 때문에 푸른 눈의 나를 들여다볼 수 없었다.

　　　　　　　　　　　　　　　　　　　—《양철북》, 귄터 그라스

그에게서는 언제나 비누 냄새가 난다.　　　　—《젊은 느티나무》, 강신재

첫눈에 반해버렸다.　　　　　　　　　　　—《캐치-22》, 조지프 헬러

항구의 하늘은 방송이 끝난 텔레비전 색이었다.

　　　　　　　　　　　　　　　　　　　—《뉴로맨서》, 윌리엄 깁슨

아빠는 멍텅구리입니다.　　　　　　　　　—《가시고기》, 조창인

유니스 파치먼은 읽을 줄도 쓸 줄도 몰랐기 때문에 커버데일 일가를 죽였다.　　　　　　　　　　　　　　　　—《활자 잔혹극》, 루스 렌들

버려진 섬마다 꽃이 피었다.　　　　　　　—《칼의 노래》, 김훈

기묘하고 찌는 듯한 여름, 그들이 로젠버그 부부를 전기의자에 앉힌 계절이었다. 그때까지 나는 내가 뉴욕에서 무슨 일을 하고 있는 건지 알지 못했다.
　　　　　　　　　　　　　　　　　　　　—《벨자》, 실비아 플라스

'문제가 생기면 대열을 좁힌다.'는 말처럼, 위기가 닥치자 백인들은 결속을 강화했다.
　　　　　　　　　　　　　　　　—《광막한 사르가소 바다》, 진 리스

몇 년이 지나 총살을 당하게 된 순간, 아우렐리아노 부엔디아 대령은 오래전 어느 오후 아버지에게 이끌려 얼음 구경을 하러 간 일을 떠올렸다.
　　　　　　　　　　　　—《백년의 고독》, 가브리엘 가르시아 마르케스

사람들은 아버지를 난장이라고 불렀다.
　　　　　　　　　　　　—《난장이가 쏘아올린 작은 공》, 조세희

이 냉장고의 전생은 훌리건이었을 것이다.　　　　—《카스테라》, 박민규

아무래도 좆됐다. 그것이 내가 심사숙고 끝에 내린 결론이다. 나는 좆됐다.
　　　　　　　　　　　　　　　　　　　　—《마션》, 앤디 위어

UNIVERSITY

마음을 움직이는 수사법

글맛을 살리는 수사법

수사의 방법 또는 기교를 말하는 수사법은 말이나 문장을 꾸미는 방법이다. 수사법을 활용하는 이유는 글쓴이나 말하는 이의 의도를 효과적으로 전달하기 위해서이다. 더 나아가 미학적으로 표현하기 위해 수사법을 쓴다.

수사법은 표현 방법이나 목적에 따라 비유법, 강조법, 변화법으로 나눈다.

비유법

다른 대상에 빗대어 설명하고 표현하는 비유법에는 직유법, 은유법, 의인법, 활유법, 대유법, 풍유법 등이 있다.

직유법은 말 그대로 직접 비유하는 것을 말한다. '~같이, ~처럼, ~듯이' 등을 써서 표현한다. "내 누님같이 생긴 꽃이여."처럼 '꽃'을 '내 누님'에 직접 비유하고 있다.

은유법은 숨겨서 비유하는 방법으로 'A는 B'의 형태로 사용된다. "낙엽은 폴란드 망명 정부의 지폐"에서와 같이 "낙엽 = 폴란드 망명 정부의 지폐"로 표현함으로써 동일성을 느끼도록 만든다.

"네 이름을 남몰래 쓴다, 민주주의여."처럼 사람이 아닌 것을 사람인 것처럼 표현하는 방법을 의인법이라고 한다. 또 "모든 산맥이 바다를 연모해 휘달릴 때도"와 같이 무생물을 생물처럼 표현하는 방법은 활유법이라고 한다.

대유법은 사물의 속성으로 전체를 대신하여 표현하는 방법이다. "펜은 칼보다 강하다"와 같이 문화의 힘과 무력을 펜과 칼로 대신 표현하고 있다. 속담이나 격언을 활용한 풍유법도 비유법에 해당된다.

강조법

표현하려는 내용을 강하고 뚜렷하게 만들어 선명한 인상을 주려고 할 때 쓰는 방법이 강조법이다.

같거나 비슷한 표현을 반복해 의미를 강조하는 반복법, 표현하려는 내용과 관련 있는 단어나 구절을 나열하는 열거법, 실제보다 더하거나 덜하여 표현하는 과장법, 점점 강도를 높이는 점층법, "산산이 부서진 이름이여!"처럼 슬픔이나 놀라움 등을 강조하여 나타내는 영탄법 등이 있다.

변화법

단조로움을 피하고 문장에 변화를 주기 위한 변화법에는 도치법, 설의법, 인용법, 반어법, 돈호법, 역설법 등이 있다. 변화법은 말이나 문장이 단조롭지 않게 변화를 주는 표현법이다.

변화법에는 "보고 싶어요. 붉은 산이…… 그리고 흰옷이…….".처럼 차례나 위치를 바꾸는 도치법, 누구나 다 아는 사실을 물음의 형식으로 나타내어 독자가 스스로 판단하게 하는 설의법 등이 있다. "배우고 때로 익히면 또한 기쁘지 아니한가?"와 같이 의문문으로 제시해 그 의미를 강조하기도 한다.

"창밖을 떠돌던 겨울 안개들아."처럼 사람이나 이름을 불러 읽는 이의 주의를 환기시키는 방법인 돈호법과 그릇 깬 아이에게 "참 잘했다, 잘했어."처럼 반대로 말하는 반어법도 변화법에 속한다.

또 학교에서 시험에 많이 나오는 변화법 중 하나인 역설법은 겉으로는 이치에 어긋나는 것처럼 보이지만 그 속에 진실을 담고 있다. "찬란한 슬픔의 봄을", "결별이 이룩하는 축복에 싸여", "바라보노라 온갖 것의 보이지 않는 움직임을." 등과 같은 표현이 역설법이다. 표면적 의미와 속에 담고 있는 의미가 다르다는 공통점을 갖고 있어서 종종 반어법과 헷갈려 한다.

사실 문장을 멋지게 만들려면 그 문장에 꼭 맞는 인용을 사용하면 된다. 인용은 유명한 사람의 글이나 주장을 사용하여 나의 생각을 뒷받침하는 것이다. 격언, 경전 등의 구절을 인용하면 문장에 무게를 줄 수 있을 뿐만 아니라 글의 내용도 풍성하게 할 수 있다.

다음은 자유학기제를 시행하여 지필고사 대신 수행평가 활동으로 평가를 받는 중학교 2학년 민이가 쓴 글이다. 민이는 글의 주제를 '사회를 따뜻하게 만드는 사람'으로 정했다. 〈지식채널 e〉에 나왔던 '안녕하세요. 교황입니다' 편을 참조했다.

민이가 처음에 쓴 글은 영상 자료에 나온 사실들을 그대로 옮겨 놓은 것에 불과했다. 늘 같은 옷을 입는 단벌 신사, 그가 즐겨 찾는 곳은 빈민가, 지역 축구팀 유료 회원에 빛나는 열혈 축구, 세계에서 가장 작은 나라 바티칸, 12억 인구의 가톨릭 수장, 이틀에 걸친 다섯 번의 비밀 투표 끝에 선출된 최초의 남미 출신 교황이라며 설명만 장황하게 늘어놓았다.

영상만 보면 단번에 알 수 있는 내용들로만 채워져 있어서 민이의 글은 건조하고 말하고자 하는 중심 생각이 제대로 드러나 있지 않았다.

민이의 글을 찬찬히 읽고 난 후 글을 통해 말하고 싶은 것이 무엇인지 민이에게 물어보았다. 민이는 교황의 따뜻한 마음씨와 최고의 지위를 갖고 있지만 검소하게 살고 있는 모습에 감동을 받았다고 한다. 남들한테 아낌없이 주는 교황이 정말 대단한 것 같다고 덧붙였다.

이렇게 말하는 민이에게 영상을 보고 느낀 감동을 비유나 역설과 같은 수사법을 사용하면 좀더 분명하게 표현할 수 있을 거라고 말해 주었다. 그 후 수사법에 대한 설명과 다양한 사례들을 알려줬다.

똑똑한 민이는 내 설명을 잘 듣더니 곧바로 수사법을 적용해서 글을 다시 썼다. 이렇게 수사법을 적절히 활용하자 처음 쓴 글보다 훨씬 전달력도 좋아졌고 글의 품격도 달라졌다.

평범함 속의 위대함(역설법)

- 프란치스코 교황에 대하여

작성자 : ○○중학교 2학년 홍 민

거대한 권리를 누릴 수 있음에도 평범하게 살아가기가 쉬운가(설의법). 물론 그렇지 않다. 그런데 여기 교황이라는 크나큰 권위를 가지고 있음에도 불구하고 우리처럼 평범하게 지내고 있는 사람이 있다. 그의 이름은 바로 프란치스코 교황이다.

약 2년 전 프란치스코 교황님이 우리나라를 방문했다. 뉴스뿐만 아니라 모든 매체에서 그의 이야기를 다루고 있었다. 정치 쪽에는 통 관심이 없었던 나였지만 이 사람이 누구길래? 라는 마음으로 기사 하나를 클릭했다. 그 기사를 읽고 난 뒤 프란치스코 교황님께 더욱 호기심이 생겼고, 그에 관한 <지식 채널 e> '안녕하세요, 교황입니다'를 보게 되었다.

프란치스코 교황님은 가난한 사람들을 보살피는 데는 예전의 그 어떤 교황님들보다 더 손이 크다(관용 표현). 그것과 관련된 사례는 다음과 같다. 가난한 할머니가 버스에서 넘어져 지갑을 도둑맞고 한참을 괴로워하고 있었다. 그 후, 교황님께 편지를 보내 기도를 부탁하였다. 이를 본 교황은 지갑에 있었던 돈보다도 더 많은 돈을 송금하고 대리인을 통해 할머니의 근황을 살피게 하였다. 교황의 이런 따뜻한 모습은 '발 없는 말이 천리 간다.'(관용 표현)는 말처럼 많은 사람들에게 전해졌다. 그의 이런 세심한 모습에 나 역시 감동받았다.

또한 그는 평범한 사람처럼(직유법) 일상에서의 삶을 살고 있다. 교황의 권리를 누리며 편안하게 살 수 있음에도 불구하고 최소한의 비용으로 소박하게 산다. 기사 딸린 고급 차를 거절하고,/ 손수 운전을 하고,/ 호화로운 교황궁을 거절하고,/ 일반 성직자 숙소인 성녀 마르타의 집에서 지내고,/ 화려한 옷을 거절하고,/ 흰색의 무난한 옷을 입는다./(반복법, 대구법) 그저 평범하게, 일반 서민들처럼 아주 평범하게 지낸다.(직유법, 반복법) 그의 이런 검소한 모습이, 서민들이 그를 존경하고 따르는 이유 중 하나일 것이다. 단벌 신사(관용 표현)라는 그의 별명답게 수수하게 지내는 모습이 보기 좋앉다. 자신의 지위를 과시하지 않고 사회적 약자에게 먼저 다가가는 모습을 본받아야겠다는 생각도 들었다.

　교황님이 항상 자신보다는 다른 사람들을 먼저 챙기는 것은 교황님만이 할 수 있는 일이라는 것을 느꼈다. 교황님은 마치 아낌없이 주는 나무처럼(직유법) 내가 아닌 다른 사람을 먼저 배려한다. "진정한 권위는 봉사라는 사실을 잊지 말자"는 그의 당부 역시 사회적 약자를 위해 헌신하는 마음을 담고 있다. 교황이 아닌 지극히 평범한 사람들 중의 일부가 되어 매일매일의 삶을 위대하게 만들고 있다. 교황 호르헤 베르고글리오.(도치법)
　그저 사람 좋아하는 넉넉한 웃음으로 주변의 빛과 소금이 되는 사람!
　우리 모두가 그를 귀하게 여기는 이유이다.

UNIVERSITY

프로포즈는
10분 안에

미괄식보다는 두괄식으로

면접의 당락은 1분 안에 결정된다고 한다. 사랑 고백을 할 때도 10분 안에 자신을 표현해야 사랑을 쟁취할 수 있다. 자신의 역량을 되도록 빨리 어필해야 결혼에 골인할 수 있는 것이다.

최종 기한이 없는 목표나 노력이 성사되는 경우는 드물다. 스스로 최종 기한을 정해 놓지 않으면 목표를 달성할 수 없다. 글쓰기에서도 마찬가지이다. 시간 안에 쓰는 것이 중요하다. 시간이 정해진 글쓰기에서는 글의 주제를 명료하게 전달해야 한다. 그렇기 때문에 글쓴이의 의도는 첫 문장에 밝히는 것이 좋다. 그래야 읽는 사람이 글쓴이의 의도를 바로 이해할 수 있다.

한국말은 끝까지 들어봐야 한다고 한다. 우리는 말을 할 때 자신의 생각을 맨 뒤에 말하는 경우가 많다. 이를 '미괄식' 방식이라고 한다. 그러나 글을 쓰거나 자신의 의도를 정확하게 전달해야 할 때는 자신이 생각하는 결론을 먼저 제시하는 것이 좋다. 그런 다음 이유나 근거를 논리적으로 풀어 설명한다. 자신의 뜻을 전달하는 데 효과적인 이 방식을 '두괄식' 방식이라고 한다. 특히 심사를 받아야 하는 글을 쓸 때는 두괄식 방식으로 써야 전하고자 하는 바를 빠르고 분명하게 전달할 수 있다.

효율적으로 글을 쓰려면 시간은 짧게

두괄식은 중심 생각이 들어 있는 문장인 소주제문을 문단의 앞에 놓고, 주장에 대한 근거와 이유를 뒤에 덧붙여 나가는 방식을 말한다. 일반적이고 추상적인 진술을 먼저 쓴 다음 구체적인 진술을 뒤에 놓는 형식이다. 이때 쓰고자 하는 바를 첫머리에 단숨에 쓰도록 하는 것이 중요하다.

글을 쓸 때 시간을 길게 주면 오히려 글을 못 쓴다. 더 잘 써 보겠다고 낑낑대다가 결국 못 쓰겠다고 울상을 짓는다. 창의적인 글쓰기를 할 때는 더욱 그렇다. 즉흥적으로 떠오르는 대로 글을 써야 글 쓰는 것에 두려움이 생기지 않는다. 생각을 지나치게 많이 하다 보면 창의적인 글은 절대 안 나온다.

그래서 아이들에게 글쓰기를 지도할 때는 시간을 짧게 주고 시간 안에 완성하라고 한 다음 여러 번 퇴고를 하게 한다.

출제자의 의도 파악하기

논술 지도를 할 때는 가장 먼저 출제자의 의도를 정확히 파악하는 것이 중요하다. 그리고 출제자가 알고자 하는 것을 첫 문장에 나타내야 한다.

출제자의 의도를 가장 잘 알 수 있는 방법은 기출문제를 푸는 것이다. 기출문제 풀이는 짧은 시간에 논술을 대비하는 가장 효율적인 방법이다. 지원하고자 하는 학교의 기출문제를 정해진 시간 내에 쓰는 연습을 해야 한다. 이때 지원 학교의 합격 답안이나 모범 답안을 베껴 써 본다.

다양한 논제들에 대한 모범 글을 베껴 쓰다 보면 출제자가 논술을 통해 요구하는 것이 무엇인지 파악할 수 있다. 요구하는 답들이 제시문 속에 어떻게 숨겨져 있는지, 또 이것을 어떻게 풀어내야 하는지를 터득할 수 있다. 베껴 쓰기로 출제자의 의도를 파악하는 훈련이 됐으면 지원 학교에서 요구하는 시간보다 조금 짧게 해서 글을 써 본다. 이때 논리에 맞게 정확히 쓰는 연습을 해야 한다.

논술에서는 제시문에서 요구하는 바를 조건에 맞게 즉각적으로 드러낼 수 있는지에 따라 당락이 좌우된다. 그러므로 출제자가 의도하는 바를 맨 첫 문장에 명확하게 제시해야 한다.

UNIVERSITY

유용한 정보를
쉽고 재미있게

재미있어야 관심이 가는 시대

"슈퍼맨은 왜 팬티를 바지 위에 입죠?"

인터넷에 올라온 이 질문에 기상천외한 답변들이 많이 달렸다. 그 중 하나가 눈길을 끌었다.

"슈퍼맨의 바지는 뒤가 뚫려 있어요. 날아다니며 활동성이 좋게 하려면 몸에 꽉 끼어야 하기 때문이지요. 그런데 용변을 볼 때는 꽉 낀 바지는 진짜 불편하거든요. 그래서 슈퍼맨 바지 뒷부분이 뚫려 있는 거죠. 볼일 보기 편하라고."

이 답변을 읽고 나서 어처구니가 없어 웃음이 나왔다. 어찌 됐든 간에 재미가 있었다.

국어사전에서 '재미'라는 단어를 찾아보면 '아기자기하게 즐거운 기분이나 느낌'이라고 나온다. '즐겁다'라는 단어는 '마음에 거슬림이 없이 흐뭇하고 기쁘다'라고 실려 있다. 즐거운 기분을 느낄 때 재미가 있다는 것을 알 수 있다.

다양한 경로로 유용한 정보 찾기

책을 읽을 때 재미가 있으면 몰입해서 읽게 된다. 그리고 술술 잘 읽혀야 흥미를 갖는다. 글이 술술 잘 읽히기 위해서는 내용이 쉬워야 하고 문장이 간결해야 한다.

글을 쓸 때는 읽는 사람이 쉽게 이해할 수 있도록 쓰는 것이 무엇보다 중요하다. 또한 글이 재미있으려면 유용한 정보를 담고 있어야 한다. 예전에는 글을 쓸 때 필요한 정보를 그 분야의 전문가가 쓴 책이나 논문 등에서 발췌했지만 요즘은 포털 사이트의 학술 정보나 인터넷 신문, 방송사 홈페이지, 전자 도서관, 관련 기관 홈페이지 등 인터넷을 통해 얻는다.

특히 포털 사이트는 관련 정보가 종합적으로 정리되어 있어 필요한 정보를 편리하게 찾을 수 있다. 인터넷 신문이나 방송사 홈페이지를 통해 검색한 신문기사나 영상 정보를 활용한다. 찾으려는 정보와 관련 있는 공공기관이나 기업, 단체 등의 홈페이지에서도 정보를 얻을 수 있다.

이때 가장 중요한 것은 수집한 정보가 올바른 정보인지 확인하는 것이다. 정보의 출처와 함께 내용이 정확한 것인지, 최신의 것인지, 신뢰할 만한 것인지를 알아본 다음 그 정보를 활용해도 되는지 판단한다. 이렇게 안심하고 쓸 수 있는 관련 자료를 찾아 글쓰기에 인용하면 유용한 정보가 될 뿐만 아니라 내용도 풍성해진다.

내용 못지않게 중요한 글의 형식

글을 쓸 때 글의 내용도 중요하지만 그에 못지않게 형식도 중요하다. 문장은 간단하면서 짜임새가 있어야 쉽게 읽힌다. 글은 쉽고 재미가 있어야 잘 읽힌다. 쉽고 재미있게 쓴 글에 의미까지 담겨 있으면 금상첨화이다.

아무리 좋은 약도 너무 써서 먹을 수 없다면 무용지물이다. 제약 회사에서는 쓴 약에 당의정을 입혀서 잘 먹을 수 있도록 만들어 놓았다. 글도 이와 다르지 않다. 유익한 내용을 담고 있어도 너무 어렵고 딱딱하면 독자들의 외면을 받는다. 가독성이 좋아야 한다. 이것이 바로 글을 쉽고 재미있게 써야 하는 이유이다.

시선 사로잡기

쉽고 재미있는 글을 쓰기 위해서는 주제를 좁게 잡아야 한다. 그래야 수박 겉핥기식의 피상적인 글쓰기를 피할 수 있다. 좁고 깊게 들어갈 때 읽는 이의 눈길을 잡아둘 수 있다. 재미가 없으면 읽지 않으므로 무엇보다도 독자의 주목을 끄는 것이 중요하다.

'시선 사로잡기'를 통해 내가 쓴 글을 읽고 싶은 마음이 들도록 해야 한다. 이 글을 읽을까 말까의 판단은 아주 짧은 순간에 이뤄진다. 시선을 단번에 사로잡을 수 있도록 도입부를 멋지게 써야 하는 이유이다. 또한 주장을 뒷받침하는 근거와 예시를 구체적으로 제시해야 한다. 논리적으로 일관성이 있으면 글이 명확해진다.

프랑스 소설가 알베르 카뮈는 말한다.

"명확하게 쓰면 독자가 모인다. 모호하게 쓰면 비평가들이 달라붙는다."

이처럼 유용한 정보를 담고 가독성이 좋은 글은 읽는 사람들이 재미를 느낀다.

마인드맵으로
글의 뼈대 세우기

어느 날 저녁 무렵, 치과의사로 일하는 어머니 한 분이 찾아왔다. 첫눈에 보기에도 세련되고 당당한 모습이었다. 중1과 중2 연년생 아들이 있는데, 자신은 어릴 때부터 공부를 못해 본 적이 없었기 때문에 공부가 힘들다는 아이들을 도무지 이해하지 못하겠다고 했다. 공부하는 게 왜 어렵냐고 오히려 반문을 했다. 그런데 그것보다 더 화나는 일이 있단다.

"아이의 성적으로 부모까지 재단하려는 이 사회가 너무 싫어요. 학부모 간담회에 가면 공부 잘하는 아이를 둔 엄마들이 은근히 저를 무시하는데 그 분위기를 더는 못 견디겠어요."

그동안 공부 못하는 아들을 두어 단단히 설움을 당했는지 하소연이 끝이질 않았다.

치과의사 엄마는 직장 생활을 하느라 반 엄마들과는 연결 고리가 별로 없었는데 같은 아파트에 사는 한 엄마와는 유독 자주 마주쳤다. 마침 그 엄마도 중1과 중2 아들을 두어서 이야기가 잘 통했다. 차도 대접하고 밥도 같이 먹는 등 노력을 많이 한 결과 어느덧 그 엄마와 마음을 터놓는 좋은 친구가 되었다.

토요일이면 번갈아가며 아이들을 서로의 집에서 재우기도 했고, 일요일이면 다 같이 수영장도 같이 가고 여름휴가도 함께 보냈다. 멀리 떨어져 있는 형제자매보다도 더 가깝게 지냈다.

그런데 결정적인 사단은 아이들의 논술팀을 꾸리면서 벌어졌다. 친하게 지내던 그 엄마가 치과의사의 아들들만 쏙 빼놓고 다른 아이들과 팀을 꾸려 논술을 시작한 것이었다. 감쪽같이 쉬쉬하면서 어떻게 다른 아이들과 할 수 있냐고. 우리 아이들도 끼워 주지 그랬냐고 했더니 그 엄마가 이렇게 말했다.

"자기 집 애들은 공부를 못하잖아! 그리고 자기는 일을 해서 그런지 애들 관리를 잘 못하더라."

그 말을 들은 치과의사 엄마는 하마터면 주저앉을 뻔했다며 그때의 기억이 새삼 떠올랐는지 급기야 눈에 눈물이 맺혔다.

한참이 지나도 진정이 안 되는지 떨리는 목소리로 말했다.

"저는 우리 아이들, 이 나라를 뜨게 할 겁니다. 아이 성적 때문에 엄마인 나까지 자식 관리 못하는 무능한 사람으로 만드는 이 사회를 내가 왕따시켜 버릴 거예요."

"아이들 유학 보내기로 했어요. 그곳에서는 수업 시간에 서양 고전을 한다니까 명작들로만 일정을 짜서 수업해 주세요."

외국에서도 먹히는 마인드맵

그 엄마의 요구대로 아이들과 인문 고전 수업을 시작했다. 명작 소설뿐만 아니라 사설이나 칼럼 등을 활용하여 글쓰기 수업을 했는데 주로 마인드맵으로 정리하면서 글을 쓰게 했다.

시간이 한참 지난 후 엄마의 계획대로 아이들은 유학을 갔고, 방학 때 한국에 들른 아이들의 모습은 밝고 활기찼다. 외국에서 마인드맵으로 공부한 노트를 가져왔는데 내가 가르쳐 주었던 그 방법 그대로였다.

"이게 왜? 뭐가 특별해?" 했더니 외국에서도 마인드맵을 사용하기는 하는데 친구들이 사용하는 마인드맵은 아주 단조롭단다. 그래서 나에게 배운 마인드맵을 사용하는 자기들이 처음부터 주목을 받았다고 한다. 영어를 잘 못해 주눅 들어 있었는데 마인드맵 때문에 발표 기회가 많아졌고 그 덕에 영어도 빨리 늘고 친구들한테도 인정받아 학교생활에 금방 적응할 수 있어서 유학생활이 힘들지 않았다고 했다.

삶과 연결 짓기로 쓰기 역량 강화하기

자유학기제의 시행으로 학교마다 문학 창작 활동을 강화하고 있는 추세이다. 앞으로 쓰기 교육의 비중이 더욱 커질 전망이다. 이렇게 글 쓸 일이 많아지고 있지만 아이들은 글쓰기를 어려워한다. 글 쓰는 것을 엄두조차 못 내는 경우도 있는가 하면 잘 쓴다고 인정받는 아이들도 자신만의 개성을 글에 드러내는 것을 어려워한다.

이런 아이들을 위해 삶과 연결 짓기 형식을 활용하여 글쓰기 수업을 한다. 삶과 연결 짓기란 글쓰기에 좀더 쉽게 다가가라는 의미에서 붙인 이름이다. 머릿속에 떠오르는 아이디어를 글의 소재나 주제로 잡았으면 그 아이디어가 우리의 삶과 연관성을 갖도록 확장시키는 것이다. 이것이 삶과 연결 짓기로 하는 글쓰기의 핵심이다. 삶과 연결 짓기 형식은 6단계의 과정을 거친다.

글의 소재는 학교에서 정해 주는 것을 활용하거나 자유롭게 선택하면 된다.

1단계 '자유롭게 연상하기'에서는 그 소재에 대해 떠오르는 것을 적는다. 브레인스토밍 과정으로 머릿속에 떠오르는 단어나 문장을 적으면 된다. 시간은 1~3분 정도 짧게 준다.

2단계 '속성 찾기'에서는 그 소재가 지니고 있는 특성이나 성질을 집중적으로 찾는다. 이때 무조건 아이디어를 많이 끄집어내는 것이 중요하다. 가시적인 속성과 비가시적인 속성으로 나누어 찾는 연습을 한다. 왜냐하면 눈에 보이는 특성에만 주의를 기울이면 깊이 있는 생각까지 도달하기가 어렵기 때문이다. 속성을 찾을 때는 먼저 친숙한 이미지와 소재를 연결한다. 그런 다음 좀 더 낯선 이미지를 떠올려 속성 찾기를 한다.

3단계 '비슷한 것끼리 연관 짓기'는 2단계에서 찾은 아이디어들과 유사한 것들을 연결해 공통점을 찾아보는 과정이다. 서로 연관 지을 수 있는 연결 고리를 찾아서 확장하고 구체화한다. 대상 간의 거리가 멀면 멀수록 낯설어져서 창의적 발상으로 이어지는 효과가 있다.

4단계 '삶과 연결 짓기'는 3단계에서 찾은 공통의 분모들이 우리 삶과 어떤 연결점을 갖고 있는지 삶의 문제에 대입해 보는 것이다. 브레인스토밍을 통해 자유롭게 연상된 것들은 2단계 속성 찾기와 3단계 비슷한 것끼리 연관 짓기로 구체화되어 창작과 연결된다.

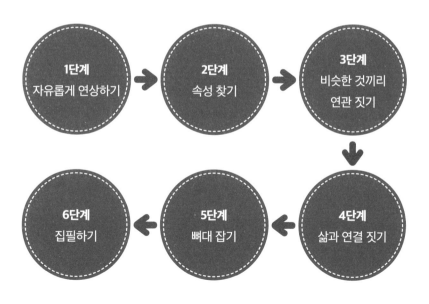

이 과정에서 글쓴이의 중심 생각인 주제가 드러나거나 가치관이 표현된다. 자신의 삶과 연결 지어 주제를 형상화시키다 보니 인간의 삶에 대한 통찰력 또한 깊어지게 된다. 자신과 타인의 삶에 공통적으로 담겨 있는 보편성과의 연결 고리를 찾는다. 이 과정에서 창작의 승패가 결정된다.

5단계 '뼈대 잡기'에서는 1~4단계 과정에서 나온 생각을 토대로 쓰고자 하는 글의 뼈대를 잡는다. 이때도 가능하면 일정한 시간을 정해서 하는 것이 좋다. 뼈대 잡기의 과정을 거치지 않고 글을 썼을 때는 글이 산만하게 펼쳐지는 경우가 많다. 글이 통일성을 갖고 주제를 효과적으로 드러내기 위해서라도 이 과정을 거치는 것이 중요하다.

마지막 단계인 6단계 '집필하기'는 5단계의 '뼈대 잡기'를 바탕으로 앞 단계에서 나온 아이디어 중 필요한 것들을 선택해 글을 쓰는 과정이다.

글쓰기에 자신감을 불어넣는
삶과 연결 짓기 실전 연습

삶과 연결 짓기 형식을 활용하여 글을 쓰면 창작할 때 아이디어를 생성하기가 쉽다는 장점이 있다. 삶과 연결 짓기의 6단계 형식을 따라가다 보면 아주 수월하게 생각이 떠오르면서 글쓰기로 연결된다. 무엇을 써야 할지 막막해 하며 손을 놓고 있었던 아이들도 다양한 쓸거리를 생각해 낸다. 그것을 바탕으로 거뜬하게 한 편의 글을 써낸다. 글쓰기에 대한 자신감 또한 자연스럽게 붙는다.

다음은 '다이어리'를 소재로 삶과 연결 짓기 형식으로 쓴 글이다.

¶ 1단계_자유롭게 연상하기

두껍다, 장정, 숫자, 계획표, 달력, 다짐, 성공, 공부, 추억, 웃음, 돈

¶ 2단계_속성 찾기

O 가시적 속성

두꺼운 장정으로 되어 있다, 딱딱하다, 작은 것 큰 것 종류가 다양하다, 첫 장에 1년치 달력이 있다, 삼색 볼펜, 채우다 만 것이 많다, 월간·주간·일간 등으로 구분되어 있다, 삼색 볼펜으로 사용한다.

O 비가시적 속성

성공한 사람들의 이미지가 있다(다이어리로 시간 관리를 철저히 한다), 공부 시간표에는 열정과 노력이 묻어 있다.

¶ 3단계_비슷한 것끼리 연관 짓기

○ 종류별로 구분된 사과

○ 두꺼운 장정의 책

○ 끈이 달린 메모기록장

○ 월간-주간-일일 식단표

○ 채우다 만 독서록 노트

○ 성공한 사람들의 일정표

○ 여행의 추억이 담긴 기록

○ 성공 프로젝트의 주인공

○ 기계적 인간

○ 시간을 정복한 남자 루비셰프

○ 무리한 계획의 살빼기 실패

¶ 4단계_삶과 연결 짓기

○ 새해가 되면 결심하는 것(다이어트, 영어 공부, 인문 고전 읽기)

○ 스마트폰 덜 쓰기

○ 채우다 만 독서록 노트도 반복하다 보면 그 양도 무시 못할 것

○ 일간-주간-월간 계획표처럼 장기적인 계획이 중요

○ 종류별로 구분이 되는 사과처럼 사람마다 지닌 성품이 다름

○ 성공한 사람들의 일정표를 본보기로 삼아서 따라하다 보면 좋은 습관
으로 자리 잡을 수 있을 것

¶ 5단계_뼈대 잡기

다이어리 ○ 새해의 결심
- 운동하며 다이어트
- 인문 고전 읽기
- 스마트폰 덜하기

○ 결심의 실패
- 작심삼일-채우다 만 독서록
- 다이어트
- 고전 읽기 모두 중도 하차

○ 실패한 횟수만큼의 성장
- 일간-주간-월간 계획표처럼 장기적인 계획이 중요
- 스마트폰 덜 쓰기
- 채우다 만 독서록 노트도 반복하다 보면 조금씩이나마 성장
하고 있을 것
- 성공한 사람들의 일정표를 본보기 삼아서 따라하다 보면 좋
은 습관으로 자리 잡을 수 있을 것
- 종류별로 구분이 되는 사과처럼 사람마다 지닌 성품이 다름

¶ 6단계_집필하기

《나는 결심하지만 뇌는 비웃는다》라는 책도 있듯이 새해만 되면 마음을 다잡고 결심한다. 밥도 조금만 먹고 운동 열심히 해서 살 좀 빼야지, 저녁에 야식 안 먹어야지 하면서 다이어트 하겠다고 결심을 한다. 스마트폰을 친구처럼 곁에 두고 있다 보니 그동안 시간 낭비가 많다. SNS뿐만 아니라 웹툰도 많이 봐서 부모님께 야단도 맞는다. 시간을 알차게 보내기 위해서라도 스마트폰 사용을 덜 해야지 하며 굳은 결심을 한다.

국어력은 책을 많이 읽어야 생긴다고 하니 새해부터는 고전을 독파해야겠다고 생각한다. 읽은 책은 생기부에도 올릴 수 있고, 국어 성적도 올릴 수 있으니 일석이조 아닌가.

하지만 '작심삼일'이라고 야식에 대한 미련 때문에 다이어트는 보기 좋게 실패했다. 그렇다고 운동도 열심히 하지 않는다. 늦잠 자서 운동 시간을 놓치기 일쑤이고 학원 숙제 때문에 마음 편하게 운동도 하지 못한다.

스마트폰도 중단하려고 했더니 인스타그램이나 페이스북이 궁금해서 집중이 안 된다. 즐겨보던 웹툰도 그립고. 이러한 것들을 안 하려니 공부하려는 의욕도 안 생기고 의지도 약해지는 것 같다.

인문 고전을 읽겠다고 호기롭게 계획은 세웠는데 책이 재미없다. 두껍기도 하고 지루하다. 배경지식이 없어서 그런지 어렵기까지 하다. 그동안 독서를 너무 안 한 결과가 이런 건가 싶어 절망스럽다.

살빼기는 실패했고, 스마트폰도 여전히 내 손안에 있다. 고전 읽기도 중도에 하차해 반만 채운 독서록만 남았다. 모두 작심삼일에 끝나 버렸다.

하지만 바꿔서 생각하면 실패한 횟수만큼의 성장이 있지 않을까. 일간-주간-월간 계획표처럼 장기적인 계획을 세우다 보면 비록 실패했더라도 자신이 어느 정도에 와 있는지를 알 수 있을 것이다. 뿐만 아니라 다시 계획을 세워 실천을 하다 보면 조금씩 나아질 것은 분명하다. 스마트폰 덜 쓰겠다고 결심만 할 게 아니라 전화기를 사용할 수 없도록 환경을 설정해 놓으면 스마트폰 사용 시간도 줄어들 거라 기대한다. 비록 채우다 만 독서록 노트라도 이러한 과정을 반복하다 보면 조금씩이나마 성장한다. 성공한 사람들의 일정표를 본보기 삼아서 따라하다 보면 좋은 습관으로 자리잡게 될 것이고.

종류별로 구분이 되는 사과처럼 사람마다 지닌 성품이 다르다. 결심을 정확하게 실행하는 사람이 있는 반면 못하는 사람들도 많다. 중요한 것은 실패하더라도 반복해서 결심하는 것이다. 그리고 더디더라도 차근차근 그 결심들을 실행해 나간다. 그 과정 하나하나가 하찮고 사소하게 보이더라도 앞으로 나아가고 있는 것은 분명하다. 왜냐하면 성장은 작은 변화들이 모여서 만들어지는 것이기 때문이다.

UNIVERSITY

글의 균형과 조화를 위한 개요 짜기

글을 쓸 때 계획을 세우는 과정은 꼭 필요하다. 주제를 잡고 그 주제에 알맞은 글감을 찾았으면 글의 뼈대인 개요를 짜야 한다. 개요는 글쓰기 계획에 따라 글의 순서를 정하는 것으로, 준비된 글의 재료들을 주제와 목적에 맞게 효과적으로 배치하는 작업이다.

건축가가 집을 지을 때 설계 도면을 그리듯이 글을 쓸 때도 설계도가 있어야 한다. 설계도는 글이 엉뚱한 방향으로 진행되지 않도록 해 줄 뿐만 아니라 중요한 내용을 빠뜨리지 않게 한다. 글의 전체적인 균형과 조화를 꾀하기 위해서 글의 개요는 반드시 짜야 한다.

개요를 짤 때는
문장으로 자세하게

개요는 화제 개요와 문장 개요로 나뉜다. 화제 개요는 각 항목의 내용을 핵심 어구로 짜는 것이고, 문장 개요는 말 그대로 완전한 문장으로 짜는 것이다.

글쓰기를 할 때는 문장 개요로 쓰는 것이 좋다. 문장 개요는 개요를 만든 사람뿐만 아니라 읽는 사람도 내용을 쉽게 파악할 수 있기 때문이다. 문장으로 자세하게 설명되어 있어 나중에 글을 쓸 때도 편하다. 문장 개요로 자세히 적어 놓으면 시간이 지난 후에도 내용을 잘 파악할 수 있다.

모든 글에는 처음-중간-끝이 있다. 각 부분마다 중심 문장을 쓴다.

처음 부분에는 책을 읽게 된 동기나 작가 소개, 시대적 배경 같은 것을 적는다. 주제에 알맞은 경험이나 사례로 독자의 관심을 끌게 하는 것도 좋다.

중간 부분은 읽으면서 눈길을 끌었던 장면이나 새로 알게 된 사실, 궁금했던 내용 등을 쓴다. 이 부분은 통상 세 개의 단락으로 이뤄진다. 각 단락의 중심 문장을 쓰고 뒷받침 문장을 쓸 자리를 비워 둔다. 그곳에는 구체적인 예를 넣거나 책에서 인용할 부분을 쓰면 된다. 과학 독후감을 쓸 때는 객관적인 근거를 제시하는 내용이 들어가야 한다. 물론 그 부분을 읽으면서 들었던 생각이나 느낌을 곁들여 쓰면 더 좋다.

끝 부분은 책을 다 읽고 난 후 깨달은 점과 궁금한 점을 쓰면 된다.

다음 글은 중1인 예지가 쓴 글이다. 역사를 전공한 예지 어머니는 평소에도 책을 많이 읽으시는 분이었다. 그리고 교육관도 뚜렷하게 가지고 있어 예지를 다른 사람의 생각에 휘둘리지 않는, 심지 있고 자신의 생각을 갖춘 아이로 키우고 싶어했다. 그래서 예지에게도 어렸을 때부터 책을 가까이 접하게 했다. 지금도 아이를 학원에만 보내는 것이 아니라 예지와 함께 도서관과 서점 나들이를 즐겨 한다고 한다. 이런 엄마의 영향인지 예지는 중1답지 않게 생각이 깊은 아이다.

가이아 여신이 사랑한 지구

《지구는 생명체가 살 만한 행성인가?》를 읽고

작성자 : 채예지

환경디자이너가 되겠다는 내 친구와 나를 제외한 주변 사람들 중 환경에 대해 큰 관심을 보였던 사람을 본 기억이 없다. 최근 몇 년간 신문이나 방송을 본 사람이라면 누구나 알고 있다. 환경 오염이 심각해지고 있고, 지구 온난화가 심해지고 있다는 사실을. 푸른 지구는 더 이상 푸르지 않고 검게 변해가고 있다. 태양계에서 생명체가 가장 살기 적합한 곳이었던 지구는 이 책의 제목처럼 생명체가 살 만한 곳인지 의심하지 않을 수 없는 곳으로 변해 버렸다.

《지구는 생명체가 살 만한 행성인가?》는 외계인들이 지구의 처지를 토론을 통하여 선입견 없이 쓴 책이다. 그들이 처음 지구에 와서 인간에 대해서 판단할 때는 조금 화가 났다. 물론 책이기는 하지만 외계인들이 말하는 것처럼, 인간이 그렇게 나쁜 생명체가 아니기 때문이다. 그러나 그 말이 아주 틀린 것은 아니다. 우리가 지구의 주인인양 행세하고, 우리를 제외한 다른 생명체들의 고마움을 모르는 것이 사실이다. 인간이 지능이 높다는 생각 때문에 다른 생명체를 무시하는 경향이 있다. 비록 속은 상했지만 우리가 진심으로 지구와 환경을 걱정한다면 환경을 구성하고 있는 생명체들을 먼저 존중해 줘야겠다는 생각이 들었다. 지구에는 인간만이 살고 있는 것이 아니기 때문이다.

이 책에는 여러 명의 인물들이 등장한다. 그중 아해는 잃어버린 엄마를 찾으러 다니는 아이다. 엄마의 손길이 느껴지는 곳을 찾아 헤매었다고 한다. 외계인들과 함께 엄마를 찾는 도중에 인간들의 만행을 발견한다. 곰의 쓸개즙을 위해 곰을 죽이고, 지구의 환경이 인간 위주로 변해가고 있는 모습을 보게 된다.

이 책을 읽으면서 감정이 수시로 바뀌곤 했다. 인간에 대한 비판을 보고 괜히 화가 났던 이유는 아마도 내가 외계인들이 말한 인간과 비슷한 점이 있어서였을 것이다. 방귀 뀐 놈이 성 낸다고, 마치 누군가가 나의 잘못된 부분을 지적하면 사실인 줄 알면서도 화를 내듯이 말이다.

하지만 그 외계인들에게 반박하고 싶은 부분도 있다. 천사가 있으면 악마가 있는 것처럼 인간 모두가 항상 이기적인 것은 아니라고. 자연을 자신의 형제들이라고 생각하는 인디언들과 오랑우탄을 사랑한 제인 구달 같은 사람들도 있는 법이다. 다행히도 제인 구달과 같은 사람들을 보면서 외계인들은 인간에 대해서 다른 마음을 가지게 된다.

책을 읽는 내내 아해의 엄마를 찾는 과정을 따라다니며 슬펐다. 엄마를 잃어버렸던 어린 시절의 경험과 오버랩 되어 동정심과 더불어 슬퍼졌다. 나는 결국 엄마를 찾아냈지만 아해는 마지막까지 엄마를 찾지 못했다. 하지만 나는 아해의 엄마는 지구의 여신 가이아라고 생각한다. 이야기 속에 가이아라는 이름도 몇 번 등장하고, 엄마의 손길이 지나간 곳에는 불이 났던 곳도 모두 회복되었기 때문이다. 또한 회복 능력을 갖춘 지구의 여신은 '가이아 이론'처럼 아해를 포함한 지구 위에 살고 있는 사람들, 동물과 식물들에게 생명력을 불어넣어 줄 것이라 확신한다.

비록 환경 독후감을 쓰기 위해서 이 책을 선정해 읽기는 했지만, 생각 이상으로 흥미진진했다. 보통 긴 책들은 단연 지루해지기 마련인데 스토리가 탄탄해서 이 책은 읽는 내내 재미있었다.

환경에 관하여 쓴, 우리들이 읽기에 가장 이상적인 책이라고 말하고 싶다.

예지의 글을 보면 외계인들이 인간을 판단하는 부분에서 동의할 수 있는 것과 동조할 수 없는 것을 근거로 들어 잘 풀어냈다. 엄마를 잃어버렸던 본인의 경험을 주인공 아해와 연결해서 쓴 부분도 읽는 이의 공감을 불러일으키기에 충분했다.

UNIVERSITY

아렉스A-R-E-C-S 글쓰기 원칙

언어 사고력을 키우는
톨민의 실용논리 6단 논법

우리는 토론할 때 논리적 사고를 유도하기 위해 '톨민의 실용논리 6단 논법'(이하 6단 논법)을 사용한다. 6단 논법을 익히는 주된 이유는 언어 사고력을 키우기 위해서이다. 이 방법으로 말을 하면 토론이 되고 글을 쓰면 논술이 된다.

6단 논법 과정은 안건-결론-이유-설명-반론 꺾기-정리의 순서로 진행된다.

1) 안건에 대해 2) 자신의 결론을 내리고 3) 결론을 내린 이유를 말하고 4) 그 이유에 대한 타당한 설명을 한다. 5) 반론 꺾기에서는 결론에 대한 반대편의 잘못을 지적하고 6) 예외를 고려해서 다시 한번 정리한다.

논술과 입시 면접에 유용한 아렉스 글쓰기 원칙

주로 토론 활동을 할 때 사용하는 이 방법을 글쓰기에도 적용해 보았다. 토론에서는 필요하나 글쓰기에 불필요한 단계는 과감히 건너뛰고, 보충해야 필요한 부분은 구체적으로 보완 정리를 하면서 글쓰기에 맞는 방법을 고안했다. 톨민의 실용논리 6단 논법을 글쓰기 활동에 적합하게 변형한 이 방법을 '아렉스A-R-E-C-S 글쓰기 원칙'이라고 이름 붙였다.

6단 논법과 아렉스 글쓰기 원칙의 가장 큰 차이는 안건과 결론을 두 단계로 구분한 6단 논법과 달리 아렉스 글쓰기 원칙에서는 안건과 결론을 한 단계로 통합한 것이다. 아렉스 글쓰기 원칙에서는 말하고자 하는 요지를 바로 보여준다(argument/option, A). 그 다음 주장에 대한 이유(reason, R)와 설명을 하고(explanation, E) 반론 꺾기를 한다(counterargument&refutation, C). 이때 신경써야 하는 부분은 반론 꺾기와 예외 사항을 인정한 정리 부분인데(summary, S) 예외 사항을 인정함으로써 사고의 유연함을 보여줄 수 있다. 이는 토론뿐만 아니라 입시 논술이나 구술 면접할 때도 유용하다. 아렉스 글쓰기 원칙은 논리적이며 문단의 원리를 잘 갖춘 형식이다.

강남 학부모 사이에서 입소문난 아렉스 글쓰기 원칙

아렉스 글쓰기 원칙은 말하기와 글쓰기에 아주 요긴하다. 리더가 되려면 자신의 생각을 말과 글로 제대로 전달할 수 있는 능력을 갖춰야 한다. 지역마다 다르지 않겠지만 특히 강남 학부모들은 자녀들의 이러한 능력을 신장시키는 데 중점을 둔다. 그래서 강남 논술학원에서는 아렉스 글쓰기 원칙을 활용해 아이들의 글쓰기 능력과 토론 능력을 향상시키고 있다.

맨 먼저 안건과 결론을 한번에 주장(A)으로 나타낸다. 자신의 의사나 태도를 분명하게 밝히는 단계이다.

두 번째 단계인 이유(R)는 주장을 하게 된 까닭에 대해 쓴다.

세 번째 단계인 설명(E)은 이유에 대한 근거를 대고, 이유를 상세화하는 과정이다. 이때 주로 쓰는 방법은 사례를 들어 설명하는 것이다. 쉽고 효과가 높은 반면 잘못된 사례를 들면 글의 신뢰성에 문제가 생긴다. 또한 설명 단계는 뒷받침 문단으로, 공통점을 쓰거나 차이점을 쓰고 원인과 결과를 쓰기도 한다. 두 번째 단계에 나온 이유 부분을 자세히 쓰고 부연 설명을 한다. 이때 반드시 이유에 관한 타당성이 있어야 하기 때문에 통계나 인용 등을 활용하기도 한다.

네 번째 단계인 반론 꺾기(C)는 말 그대로 반대편의 의견에 반박하는 것을 말한다. 일단 상대의 주장을 수용한 다음 다른 측면에서 반론을 펼치는 것이 좋다. 이 방법은 논술이나 구술 면접 때도 매우 효과적이다. 자신의 의견만 일방적으로 주장하는 것이 아니기 때문에 사고의 유연성 측면에서 좋은 평가를 받을 수 있다. 만일 상대편이 경제적인 문제를 언급했으면 반론을 펼칠 때는 도덕적인 문제로 접근한다. 사용자의 입장에서 주장을 한다면 노동자의 입장에서 논박을 한다. 이처럼 주체를 달리하거나 측면을 달리해서 쓴다.

마지막 단계는 앞 단계에서 나온 내용을 종합해서 요약 정리(S)하는 과정이다. 어떤 일이든 예외가 있기 마련이다. 그 예외 사항을 언급하며 내용을 요약 정리한다. 그런 다음 제언이나 과제 제시, 전망을 적으면 좋다.

주장하는 글이 아닐 때는 반론 꺾기 단계나 요약 정리 단계에서 예외 사항을 빼도 된다.

논리력과 사고력, 스피치 능력을 길러 준다

아렉스 글쓰기 원칙을 사용하면 정해진 단계에 따라서 하게 되므로 글이나 말이 논리정연해진다는 장점이 있다. 이유를 따져 보고 설명하고 반대편의 의견을 반박하다 보면 언어 사고력도 신장된다. 좀 더 나은 이유와 설명, 반론 꺾기를 하기 위해 계속 탐구하게 된다. 단계별 모형에 따라 말하게 되면 스피치 능력도 향상된다.

이처럼 말이 논리정연해지고, 언어 사고력과 스피치 능력을 키워 주는 아렉스 글쓰기 원칙은 논술뿐만 아니라 구술 면접에도 탁월한 효과가 있다.

다음은 사육장에서 탈출한 퓨마가 4시간 만에 사살된 ○○ 동물원 사건을 보고, 동물원 폐지에 관한 찬성과 반대 중 찬성하는 입장에서 쓴 지민이의 글이다. 아렉스 글쓰기 원칙을 활용하여 1,600자 이상 되는 글을 어려움 없이 풀어 낸 덕분에 지민이는 학교 수행평가에서 좋은 결과를 받을 수 있었다.

동물원 폐지에 대한 입장

작성자 : 안지민

동물원의 동물들이 정말로 사람들과 공존한다고 생각하시나요? 최근 대전의 한 동물원에서 퓨마가 탈출하여 사살된 일이 있었습니다. 이 사건은 동물원의 존폐 여부를 다시 한 번 생각하게 만드는 사건이었습니다. 사람들은 동물원의 동물들이 사람과의 접점, 즉 공존하게 하는 역할의 일부라고 말합니다. 하지만 동물원의 동물들이 과연 사람들과 공존하는 것일까요? 동물원의 동물들이 처한 상황을 본다면 공존이라는 것에 의문을 품을 것입니다.

모든 동물의 고통 받지 않을 권리를 위해서라도 동물원은 폐지되어야 합니다.(A:주장)

먼저 동물들이 서식하고 있는 장소에 대하여 이야기하고 싶습니다. 동물원은 인간의 이기심으로 만들어 낸 비인도적 감옥이라고 생각될 수밖에 없습니다.(R: 이유) 자연에서 활동해야 할 동물들이 시멘트 바닥에서 생활하고 있습니다. 수중 동물들의 경우에도 넓은 바다가 아닌 좁은 우리 안에 갇혀 있는 모습을 보고 많이 안쓰러웠던 기억이 있습니다. 대자연 속을 거침없이 활보해야 할 동물들이 말입니다. 열악한 환경에 동물을 가둬 두고 공존이라 칭하는 것은 인간의 이기심 아닐까요?

둘째, 동물원은 동물들이 상위포식자의 위협으로부터 지켜주지 않습니다.(E: 설명1). 상위포식자인 인간은 이윤을 추구하기 위해 동물을 도구이자 수단으로 이용하고 있습니다. 동물들을 유리케이스에 넣어 전시하고, 동물들을 만지고 먹이를 주는 행위가 동물을 상업적으로 이용하는 대표적인 사례입니다.(E: 설명2)

동물원 폐지를 반대하는 입장에서는 멸종 위기의 동물 보호, 아이들의 교육을 이유로 반대하고 있습니다. 어느 정도는 인정합니다. 백문이 불여일견이라며 동물원의 현장체험 학습을 주장하기도 합니다. 하지만 책이나 영상 학습으로 하는 간접 경험으로도 교육의 효과는 충분합니다.(C: 반론 꺾기) 아이들의 교육을 위해 한 생명이 희생 당해야 할 이유는 없습니다. 인간을 위해 더더욱 다른 종이 희생되는, 종에 대한 차별이 있어서는 안 됩니다.

멸종 위기의 종 보존을 위하여 동물원에서 개체 수를 늘리기에 동물원이 유지되어야 한다는 이유도 일부 타당합니다. 실제 중국에서 사불상이라는 종이 350마리까지 늘어난 사례가 있기 때문입니다. 하지만 동물원은 열악한 환경으로 동물들이 평균 수명보다 일찍 폐사합니다.(C: 반론 꺾기) 야생 돌고래의 경우 수명이 30~40년인 반면에 수족관 돌고래의 수명은 평균 4년에 불과합니다. 평균 수명이 25~30년인 북극곰도 동물원에서는 5년 이내로 폐사합니다.(E: 설명1) 동물원은 이미 상업적인 볼거리로 전락한 지 오래입니다.(E: 설명2) 이러한 환경에서 멸종 위기의 종 번식을 위해 동물원 운영을 고집한다면 과연 좋은 결과로 이어질까요?

다만 멸종 위기 종을 보존하기 위한 연구 목적인 동물원 유지는 필요합니다.(S: 정리의 예외 사항) 볼거리가 아닌 순수 연구 목적일 때에만 한해서 동물원을 운영하는 것은 괜찮습니다.

동물원은 멸종 위기 종을 보존하기 위한 연구 장소가 아닌, 상업적인 이윤을 추구하는 장소로 전락하였습니다. 또한 동물들은 열악한 환경으로 인해 평균 수명보다 한참 밑도는 나이에 폐사되고 있습니다.(S:정리) 이런 상황임에도 불구하고 동물원을 유지해야 할 이유가 있을까요?

아렉스 글쓰기 원칙의 과정

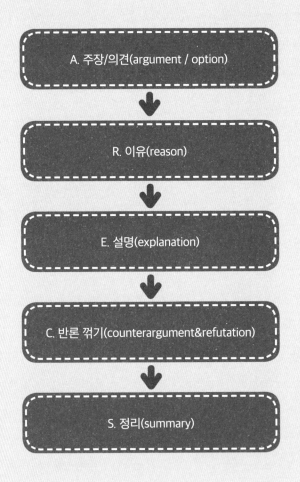

A. 주장/의견(argument / option)

R. 이유(reason)

E. 설명(explanation)

C. 반론 꺾기(counterargument&refutation)

S. 정리(summary)

UNIVERSITY

글쓰기 실력
퇴고에 있다

퇴고는 누구나 한다

옛날 어느 고을에 글 잘 쓰는 선비를 흠모하던 젊은이가 있었다. 그 젊은이는 선비에게 어떻게 하면 글을 잘 쓸 수 있는지, 또 몇 번이나 고쳐 쓰고 다듬는지를 물어보았다.

그러자 잘난 체하고 싶던 선비는 거만하게 말했다.

"나는 시문을 지으면서 이미 쓴 것을 고쳐 쓰거나 그 가운데서 어느 부분을 잘라 내는 등 내가 쓴 글을 다듬는 일은 전혀 해 본 적이 없다네."

시를 잘 짓는다고 소문난 선비도 사실은 자신의 글을 수도 없이 새까맣게 고친 거였다.

글 쓰는 사람 중 일부는 이 선비처럼 자신의 천재성을 자랑하고 싶어한다. 그래서 가끔 자신의 노력을 숨기려는 사람도 있다. 아무리 글을 잘 쓰는 사람이라도 자기가 쓴 글을 고치지 않는 사람은 없다. 단지 수없이 고친다는 사실을 드러내지 않으려는 것뿐이다.

누구든 처음 글을 쓸 때는 엄두가 안 난다. 글을 자주 써 보지 않아서이기도 하고, 처음부터 지레 겁을 먹어 스스로 글쓰기에는 젬병이라며 시도도 해보지 않기 때문이다.

이렇게 자신감을 상실한 이유는 남들이 쓴 완성된 글만 보기 때문이다. 그러나 우리가 보는 글은 이미 여러 번의 퇴고를 거쳐 완성된 글이다. 유명한 문인도 초고를 써 놓고 '어마어마하게' 퇴고하는 과정을 거친다. 그들도 우리처럼 처음에는 글 쓰는 데 어려움을 겪는다. 단지 우리가 보지 못할 뿐이다. 그들이 발표하는 작품들은 더 이상 손을 안 봐도 되겠다 싶을 때까지 퇴고를 거친 글이다. 우리는 말 그대로 최종본을 보는 것이다.

글은 고치면 고칠수록 좋아진다

글을 써 놓고 읽어 보면 그 글이 좋은 글인지 엉성한 글인지 안다.

좋은 문장은 입에 착 감기고 껄끄러움이 없다. 글은 리듬을 타야 한다. 긴 글을 쓰면 문장이 언제 끝나는지 모른다. 그러면 읽는 사람이 지루해 한다. 반면 짧은 글만 쓰면 툭툭 끊어진다.

주장하는 글을 쓸 경우 짧은 문장으로만 쓰면 '도끼글'이 되기 쉽다. 도끼로 내리찍듯이 자기의 주장만 쓰다 보면 글이 강퍅해져 독자를 설득할 수 없다. 그런 글은 읽는 이에게 거부감을 준다. 글의 어조도 너무 강하면 지친다. 물론 약해도 글이 늘어져 읽는 맛이 덜하다. 문장의 길고 짧음, 장단이 서로 맞아야 글맛이 산다. 글도 음악처럼 리듬을 타야 읽는 이를 즐겁게 할 수 있다.

그런데 아이들이 쓴 글 중 퇴고의 과정을 거치지 않은 글은 대부분 주장만 담겨 있다. 주장에 대한 합당한 근거가 뒷받침이 되어 있지 않아 생각이 단절된 것처럼 보인다. 그러나 그렇게 쓴 글에 실망해 글쓰기를 포기할 필요는 없다. 왜냐하면 글은 고치면 고칠수록 좋아지기 때문이다.

퇴고의 원칙

자기가 쓴 글을 퇴고할 때 글 수준, 단락 수준, 문장 수준, 단어 수준 순으로 고쳐 본다. 이미 학교에서 교과서와 같은 정제된 글을 많이 읽어 왔기 때문에 자기가 쓴 글을 읽다 보면 자연스럽지 않은 부분을 골라낼 수 있다. 퇴고할 때는 읽으면서 매끄럽지 않은 부분을 찾아서 고치는 것부터 시작하면 된다.

　자기가 쓴 글을 스스로 고쳐 보는 자기 퇴고 과정이 끝나면 친구와 바꿔서 고쳐 보게 한다. 합평을 하면서 고쳐 보게 하는 시간을 갖는다. 이때 조심해야 할 것은 친구가 쓴 글의 단점을 먼저 말하지 않도록 한다. 좋은 점과 잘된 점을 먼저 말해야지 그렇지 않으면 자칫 분위기가 서먹해질 수도 있다.

　글을 고칠 때 기본이 되는 원칙이 있는데 부가의 원칙, 삭제의 원칙, 재구성의 원칙이 바로 그것이다.

　'부가의 원칙'은 미진한 부분, 빠진 부분을 덧붙여 채워 넣는 과정이고, '삭제의 원칙'은 필요 없는 부분을 없애는 과정이다. 퇴고를 할 때 같은 단어나 문장의 중복은 피하고, 간결하게 줄인다. 불필요한 부분, 지나친 부분 등을 삭제함으로써 간단명료하게 표현한다.

　예를 들어, '좀 더 많은 것을 가지기 위해 다른 사람과 치열하게 경쟁해 왔다.'라는 문장을 살펴보면 주어가 생략되어 있다. '인간은' 혹은 '사람들은'이라는 주어만 넣어도 문장은 매끄러워진다.

좀 더 많은 것을 가지기 위해 다른 사람과 치열하게 경쟁해 왔다.

☞ 인간은 좀 더 많은 것을 가지기 위해 다른 사람과 치열하게 경쟁해 왔다.

다음은 서술어와 부사어를 삽입하여 문장을 좀더 풍성하게 만든 부가의 원칙 사례이다.

> **아름다운 새 소리와 꽃향기가 실려 온다.**
> ☞ 아름다운 새 소리는 들려오고 꽃향기는 바람에 실려 온다.

문장에 같은 말이 반복되어 있으면 삭제의 원칙을 사용하여 문장을 고치면 된다. 다음의 문장에서는 반복되어 있는 '나누다'라는 부분을 삭제했다.

> **음식을 먹는 방식을 나누면 대체로 두 가지 방식으로 나누어 볼 수 있다.**
> ☞ 음식을 먹는 방식은 대체로 두 가지로 나눌 수 있다.

글의 논리를 다듬어 좋은 글을 만드는 과정이 '재구성의 원칙'이다. 어휘를 바꾸거나 글의 순서를 변경하여 효과를 더 높일 수 없는가를 살펴본다. 이때 완성된 글이 논리적인 관계로 이루어져 있는지를 중점적으로 살펴보아야 한다.

이청준의《눈길》은 잊혀 가는 고향과 어머니에 대한 내용을 담고 있다. 주인공은 어머니에게 '노인'이라는 호칭을 사용하며 거리감을 의식적으로 나타낸다. "내일 아침 서울로 올라가야" 한다는 아들인 '나'의 말로 이 소설은 시작된다. 그날 저녁 노인은 '나'에게 지붕 개량 사업에 대한 얘기를 꺼내 '나'의 마음을 불편하게 한다. 물론 노인이 지붕 개량을 하려는 것은 순전히 자식들을 위한 것이다. 요즘은 명절에도 고향을 찾기보다는 해외여행을 가는 경우가 많다. 고향이라는 말, 효도라는 말은 이제 옛 풍습의 언어로 잊혀 가고 있다.

《눈길》은 잊혀 가는 고향이나 효도에 대한 이야기를 할 때면 어김없이 나오는 소재이다. 다음의 글은 재구성의 원칙을 사용하여 퇴고한 글이다. 글쓴이의 의도를 첫 문장에 나타내기 위해 문장의 순서를 바꾸었다. 그리고 '노인'이라는 호칭을 사용한 이유에 대해 먼저 언급한 후에 내용을 보여주기 위해서 앞 문장과 순서를 바꿔 재구성했다.

요즘은 명절에도 고향을 찾기보다는 해외여행을 가는 경우가 많다. 고향이라는 말, 효도라는 말은 이제 옛 풍습의 언어로 잊혀 가고 있다. 이청준의 <눈길>은 잊혀 가는 고향과 어머니에 대한 내용을 담고 있다. 이 소설은 "내일 아침 서울로 올라가야" 한다는 아들인 '나'의 말로 시작된다. 주인공은 어머니에게 '노인'이라는 호칭을 사용하며 거리감을 의식적으로 나타낸다. 그날 저녁 노인은 '나'에게 지붕 개량 사업에 대한 얘기를 꺼내 '나'의 마음을 불편하게 한다. 물론 노인이 지붕 개량을 하려는 것은 순전히 자식들을 위한 것이다.

퇴고할 때 가장 중점을 두는 것이 주제의 명료성이다. 전체 글에서 글쓴이의 중심 생각이 분명하게 드러났는지를 확인하고, 뒷받침하는 문장들이 글의 주제를 효과적으로 드러내는 역할을 하고 있는지 점검한다.

그 다음 문단별로 살펴보아야 하는데, 서론 부분에서는 관심 집중, 문제 제기, 논의의 방향 순으로 점검한 후 글에서 다루고자 하는 바가 분명하게 제시되어 있는지를 살펴본다. 본론에서는 글이 논리적 순서에 맞게 배열되어 있는지, 논거로 들고 있는 사례나 근거가 적절한지, 각 단락은 중심 문장과 뒷받침 문장으로 알맞게 구성되어 있는지 등을 점검한다.

문장을 살펴볼 때는 각 문장이 뜻하는 바가 분명한지 확인한다. 동어반복식의 문장은 없는지, 주어와 술어 관계가 호응이 잘 되고 있는지, 문법적으로 정확한 문장인지, 쓸데없이 어려운 단어를 사용하고 있지는 않은지, 맞춤법과 원고지 사용법을 제대로 지키고 있는지 등을 세밀하게 살핀다.

첨삭을 통한 글쓰기 실전 연습

다음은 서정이가 쓴 과학 독후감이다. 서정이는 다양한 사례들을 사용하고 있을 뿐만 아니라 좀더 깊이 있는 글을 쓰기 위해 많은 노력을 했다. 그러나 의욕이 넘치다 보니 주제와 어긋나는 부분도 눈에 띄었다. 서정이는 문장을 길게 쓰는 버릇이 있는데 이를 고치기 위해 짧은 문장 쓰기를 반복 훈련했다. 또한 문단 간의 연결이 잘 되도록 단락을 구성하는 데 집중했다.

부족한 부분을 몇 차례 고치고 나니 서정이의 최종 글은 간결하고 명료해졌다.

《장난꾸러기 돼지들의 화학피크닉》을 읽고

작성자 : 윤서정

마구간 치우는 소년들이 매우 치우기 귀찮아하던, 마구간 벽에 눌어붙은 하얀 딱지가 화약의 원재료인 초석이었다는 것을 아는가? 감자와 요오드, 사소한 손재주로 전분의 특성을 이용하여 감옥에서 탈옥할 수 있는 방법을 아는가? 고양이의 오줌이 석회와 만나 수산화칼슘이 생성되면 높은 열이 발생해 불이 날 수도 있다는 사실을 아는가?

화학이 관여하는 것은 비단 저런 신기하고 기발한 발견과 현상들만은 아니다. 《장난꾸러기 돼지들의 화학피크닉》의 저자는 우리가 살아가는 과정이 온통 화학으로 가득 차있음을 장장 6구가지 주제에 걸쳐 풀어낸다. 셀룰라아제라는 효소를 이용해서 우리가 즐겨 입는 청바지의 셀룰로오스, 즉 섬유소를 분해시켜 '색 바랜 청바지'를 만들어 낸다는 것은 놀랄 일이 아니다. 우리가 일상생활에서 흔히 사용하는 계면활성제와 형광등조차도 자세히 들여다보면 그 안에는 화학이 들어 있다. 아스피린이나 페니실린, 인슐린과 같은 의약품, 석유·식품·제지·플라스틱·사진·염료·비료·유리·도자기·페인트·섬유 등등 우리 생활에 없어서는 안 되는 온갖 제품들은 모두 화학에 의해 발명되고 생산되는 것들이다.

서정이의 글에서는 각 단락이 유기적으로 연결되어 있지 않고, 문장이 길어서 쉽게 읽히지 않았다. 이를 해결하기 위해 문장과 문단 사이에 지시어를 넣어 내용을 유기적으로 연결되게 수정했다. 또 글이 편하게 읽히도록 내용을 자세히 풀어서 설명하도록 했다.

after

마구간 치우는 소년들이 치우기 귀찮아하던, 마구간 벽에 눌어붙은 하얀 딱지가 화약의 원재료인 초석이었다는 것을 아는가? 감자와 요오드, 사소한 손재주로 전분의 특성을 이용하여 감옥에서 탈옥할 수 있는 방법을 아는가? 고양이의 오줌이 석회와 만나 수산화칼슘이 생성되면 높은 열이 발생해 불이 날 수도 있다는 사실을 아는가? 이 모든 현상은 화학과 관련이 있

다.(첫 번째 단락과 두 번째 단락을 유기적으로 연결하는 문장을 추가)

화학이 관여하는 것은 비단 저런 신기하고 기발한 발견과 현상들만은 아니다. 《장난꾸러기 돼지들의 화학피크닉》의 저자는 우리가 살아가는 과정이 온통 화학으로 가득 차있음을 장장 6구가지 주제에 걸쳐 풀어낸다. 예를 들면 셀룰라아제라는 효소를 이용해서 우리가 즐겨 입는 청바지의 셀룰로오스, 즉 섬유소를 분해시켜 '색 바랜 청바지'를 만들어 낸다. 이것은 놀랄 일이 아니다. 빨래할 때나 그릇을 씻을 때 흔히 사용하는 계면활성제도 하나의 예이다. 또한,(지시어를 넣고 나열식의 사례도 줄이고, 읽기 편하도록 내용도 풀어서 설명) 아스피린이나 페니실린, 인슐린과 같은 의약품, 석유·식품·제지·플라스틱·도자기·페인트·섬유 등등 우리 삶에 없어서는 안 되는 온갖 제품들은 모두 화학에 의해 발명되고 생산되는 것들이다.

다음은 글의 주제가 담긴 중간 단락이다. 이 단락에서도 문장이 너무 길다. 게다가 단락의 구분도 제대로 되어 있지 않다. 말하고자 하는 주제도 뚜렷하게 드러나지가 않고 있다. 서정이는 말로 설명할 때는 잘했지만 글을 쓸 때 두루뭉술하게 표현해 놓아 글이 명료하지 않다.

'아니 땐 굴뚝에 연기 나랴'라는 속담이 있다. 이 책을 읽으면서 가장 인상 깊었던 사실은 자연 현상의 어느 것 하나도 원인 없이 일어나지는 않는다는 것이다. 누군가의 실수로 치부하고 넘어갈 수도 있었을 석회 보관 창고 화재에는 고양이들의 오줌과 석회의 화학 반응이라는 원인이 있었고, 영국의 한 실험실에서 발견된 작은 폴리에틸렌은 제2차 세계대전 때 연합군이 몇 주 만에 100대가 넘는 독일군 군함을 격추시킬 수 있는 레이더의 절연체가 되어 주었다.

'모든 일에는 원인이 있다.' 이 사실은 비단 과학에서만 통용되는 것은 아니다. 삶을 살아가는 데 있어서 우리가 가져야 할 태도도 이 사실과 무관하지 않다. 데카르트는 이런 말을 했다. "관념의 원인은 마치 원형 같은 것이다." 즉, 드러난 관념(생각)에는 반드시 원형(원인)이 있으며, 그 원형이 모든 것을 포함하고 있다는 것이다. 이처럼, 철학적 관념과 과학적 현상은 모두 외부로 표출되는 표면적인 것에 지나지 않는다. "저 현상은, 그리고 내 생각은 표면적인 것에 지나지 않는다." 이렇게 인식하면 외부로 드러나지 않은 부분에 주목할 수 있다. 바로 그 드러나지 않은 것들에 호기심을 가지고 탐구하여 알아낸 사실들을 종합해 보면 생각이나 현상의 근원이 된 원형, 즉 원인이 보이게 된다. 그리고 이런 사고 과정을 통해 드러나지 않은 부분에 집중함으로써 현상의 원인을 알아낸 사람들이 지금까지 세상을 바꿔 온 셈이라는 생각이 들었다.

긴 문장을 가능하면 짧은 문장으로 고쳤다. 동어반복이 되는 말은 하나로 줄이고, 단락도 명료하게 구분이 되어 있지 않아서 분명하게 나눴다.

두 번째 단락은 글을 쓴 서정이도 제대로 이해하지 못하고 있어서 전하고자 하는 바가 명확하게 드러나 있지 않다. 이 문제를 해결하기 위해 먼저 말로 설명해 보라고 했다. 그런 다음 자신이 이해한 수준에서 글을 고치게 했다.

after

이 책을 읽으면서 가장 인상 깊었던 사실은 자연 현상의 어느 것 하나도 원인 없이 일어나지 않는다는 점이다.("아니 땐 굴뚝에 연기나랴"는 동어반복이 되어 삭제했다.) 누군가의 실수로 치부하고 넘어갈 수도 있었을 석회 보관 창고 화재에는 고양이들의 오줌과 석회의 화학 반응이라는 원인이 있었다. 영국의 한 실험실에서 발견된 작은 폴리에틸렌. 이것은 (문장이 길어서 중간에 한 번 끊었다.) 제2차 세계대전 때 연합군이 몇 주 만에 100대가 넘는 독일군 군함을 격추시킬 수 있게 해 준 레이더의 절연체로 쓰였다. '모든 일에는 원인이 있다.'는 사실은 비단 과학에서만 통용되는 것은 아니다. 삶을 살아가는 데 있어서 우리가 가져야 할 태도도 이것과 무관하지 않다.(첫 번째 단락과 두 번째 단락을 유기적으로 연결해 첫 번째 단락으로 묶었다.)

데카르트는 "관념의 원인은 마치 원형 같은 것이다."라고 말했다. 이것은 겉으로 드러난 관념(생각)에는 반드시 원형(원인)이 있으며, 그 원형이 모든 것을 포함하고 있다는 것을 말한다. 데카르트가 말한 관념처럼, 과학적 현상도 표면적인 한 부분에 지나지 않으며, 사실은 드러나지 않은 부분에 그 원인이 있다. 그 드러나지 않은 것들에 주목할 때 현상의 근원이 된 원인을 볼 수 있게 된다. 그리고 이런 사고 과정을 통해 드러나지 않은 부분에 집중한 소수의 사람들로 인해 세상은 조금씩 발전해 온 것이다.(내용이 이해되지 않아서 정리가 되지 않은 글을 글쓴이가 이해하는 선에서 정리하도록 했다.)

다음은 마무리 단락이다. 전체적으로 문장이 길고 반복되는 단어도 눈에 띈다. 하나의 단락은 문장들이 하나의 주제를 향해 유기적으로 얽혀져야 하는데 글의 요지를 흐리게 하는 문장도 눈에 띄었다.

before

물론 실제로 일어나는 모든 일에 원인이 있다고 보기는 힘들다고 생각하는 사람들도 있을 것이고, 그런 사람들은 그저 모든 일은 벌어지게 마련이라고 주장한다. 그러나 우리 주변에서 벌어지는 일들이 확고한 목표 지점을 가지고 그것을 향해 달려가는 것이건, 아무런 방향성 없이 발생하는 것이건 우리가 할 수 있는 일은 명확하다. 같은 현상을 겪게 될 때를 대비해서 이유를 묻는 것. 이로부터 우리는 우리가 어떻게 살아가야 하는지에 대한 시사점도 발견할 수 있다.

과학적 진보 때문이 아니더라도, 우리가 성장하기 위해서는 우리에게 일어나는 일들을 자세히 들여다보아야 한다. 좋든, 나쁘든, 또는 추악하든, 모든 경험은 '나'라는 사람을 성장하게 만든다. 모든 실수나 불행은 더 성장하고 배울 수 있는 기회이다. 중요한 것은 더 큰 그림을 보는 것이다. 내가 추구하고 있는 목적을 아는 것이고, 내가 겪는 각각의 일들이 여행의 일부임을 아는 것이다. 지금은 괴롭고 힘들지라도 경험은 우리에게 삶에 대한 다양한 관점을 가질 기회를 제공해 준다. 현재 나에게 일어난 힘든 일들, 그 현상 자체에 주목하는 대신 내가 그 경험을 겪음으로 인해 내 삶에 일어난 모든 긍정적인 일들에 초점을 맞추자. 그로 인해 주어진 기회와 만나게 된 사람들에게 감사하자. 또한 그것이 내 목소리를 낼 수 있는 계기가 된 것에 감사하자.

어떤 의도로 그 문장을 썼는지 서정이와 이야기하면서 글의 요지를 명확하게 나타낼 수 있도록 수정했다. 서정이는 문장을 길게 쓰는 경향이 있다. 문장이 길다 보니 글이 늘어진다. 짧은 문장으로 쓰게 하고 반복되는 단어는 삭제했다. 빈번한 쉼표의 사용도 자제했다. 그리고 글의 요지를 흐리게 하는, 통일성을 해치는 문장은 과감하게 없앴다. 그러자 글이 좀 더 명료해졌다.

after

물론 모든 일에는 원인이 있다고 보기는 힘들다. 이렇게 생각하는 사람들도 있을 것이다.(긴 문장을 짧은 문장으로 수정)그런 사람들은 그저 모든 일은 벌어지게 마련이라고 주장한다. 그러나 우리 주변에서 발생하는 일들이 확고한 목표 지점을 가지고 그것을 향해 달려가는 것이건, 아무런 방향성 없이 발생하는 것이건 우리가 할 수 있는 일은 명확하다. 같은 현상을 겪게 될 때를 대비해서 이유를 묻는 것. 이것에서 우리는 어떻게 살아가야 하는지에 대한 시사점을 발견할 수 있다.

과학적 진보 때문이 아니더라도, 우리가 성장하기 위해서는 우리에게 일어나는 일들을 자세히 들여다보아야 한다. 좋든 나쁘든 모든 경험은 '나'라는 사람을 성장하게 만든다.(쉼표 삭제) 그 원인을 파악하고 개선할 용기만 있다면,(문장 추가) 모든 실수나 불행은 인간을 더 성장하게 한다. 이것을 통해 배울 수 있는 기회를 갖게 한다.(목적어와 제시어를 사용하여 문장을 매끄럽게 수정) 중요한 것은 내가 겪는 각각의 일들이 삶의 일부임을 아는 것이다. 지금은 괴롭고 힘들지라도 경험은 우리에게 삶에 대한 다양한 관점을 가질 기회를 가져다준다.

《장난꾸러기 돼지들의 화학피크닉》은 화학에 대한 기초 지식은 물론 세상을 바라보는 시야를 넓혀 주었다. 앞으로는 현재 나에게 일어난 힘든 일들에 주목하는 대신 그 현상의 드러나지 않은 부분을 들여다볼 것이다. 그 경험을 통해 내 삶에 일어난 긍정적인 일들에 초점을 맞출 것이다. 그로 인해 주어진 기회와 만나게 된 사람들에게 감사해야겠다.(책을 읽고 난 감상으로 대체)

다음은 몇 번의 퇴고 과정을 통해 완성된 서정이의 최종 글이다. 여러 번의 퇴고를 거치면서 처음 글보다 읽기가 훨씬 수월해졌다. 서정이가 글을 통해 전하고자 하는 의도도 충분히 반영되었다. 그리고 글의 제목도 새로 달았다.

아는가, 모든 일에는 원인이 있다는 것을!

- 《장난꾸러기 돼지들의 화학피크닉》을 읽고

작성자 : 윤서정

마구간 치우는 소년들이 매우 치우기 귀찮아하던, 마구간 벽에 눌어붙은 하얀 딱지가 화약의 원재료인 초석이었다는 것을 아는가? 감자와 요오드, 사소한 손재주로 전분의 특성을 이용하여 감옥에서 탈옥할 수 있는 방법을 아는가? 고양이의 오줌이 석회와 만나 수산화칼슘이 생성되면 높은 열이 발생해 불이 날 수도 있다는 사실을 아는가? 이 모든 현상은 화학과 관련이 있다.

화학이 관여하는 것은 비단 저런 신기하고 기발한 발견과 현상들만은 아니다. 《장난꾸러기 돼지들의 화학피크닉》의 저자는 우리가 살아가는 과정이 온통 화학으로 가득 차 있음을 장장 67가지 주제에 걸쳐 풀어낸다. 예를 들면 셀룰라아제라는 효소를 이용해서 우리가 즐겨 입는 청바지의 셀룰로오스, 즉 섬유소를 분해시켜 '색 바랜 청바지'를 만들어 낸다. 이것은 놀랄 일이 아니다. 빨래할 때나 그릇을 씻을 때 흔히 사용하는 계면활성제도 하나의 예이다. 또한, 아스피린이나 페니실린, 인슐린과 같은 의약품, 석유·식품·제지·플라스틱·사진·염료·비료·유리·도자기·페인트·섬유 등등 우리 삶에 없어서는 안 되는 온갖 제품들은 모두 화학에 의해 발명되고 생산되는 것들이다.

이 책을 읽으면서 가장 인상 깊었던 사실은 자연 현상의 어느 것 하나도 원인 없이 일어나지 않는다는 점이다. 누군가의 실수로 치부하고 넘어갈 수도 있었을 석회 보관 창고 화재에는 고양이들의 오줌과 석회의 화학 반응이라는 원인이 있었다. 영국의 한 실험실에서 발견된 작은 폴리에틸렌. 이것은 제2차 세계대전 때 연합군이 몇 주 만에 100대가 넘는 독일군 군함을 격추시킬 수 있게 해 준 레이더의 절연체로 쓰였다. '모든 일에는 원인이 있다.'는 사실은 비단 과학에서만 통용되는 것은 아니다. 삶을 살아가는 데 있어서 우리가 가져야 할 태도도 이것과 무관하지 않다.

데카르트는 "관념의 원인은 마치 원형 같은 것이다."라고 말했다. 이것은 겉으로 드러난 관념(생각)에는 반드시 원형(원인)이 있으며, 그 원형이 모든 것을 포함하고 있다는 것을 말한다. 데카르트가 말한 관념처럼, 과학적 현상도 표면적인 한 부분에 지나지 않으며, 사실은 드러나지 않은 부분에 그 원인이 있다. 그 드러나지 않은 것들에 주목할 때 현상의 근원이 된 원인을 볼 수 있게 된다. 그리고 이런 사고 과정을 통해 드러나지 않은 부분에 집중한 소수의 사람들로 인해 세상은 조금씩 발전해 온 것이다.

물론 실제로 일어나는 모든 일에 원인이 있다고 보기는 힘들다고 생각하는 사람들도 있을 것이다. 그런 사람들은 그저 모든 일은 벌어지게 마련이라고 주장한다. 그러나 우리 주변에서 발생하는 일들이 확고한 목표 지점을 가지고 그것을 향해 달려가는 것이건, 아무런 방향성 없이 발생하는 것이건 우리가 할 수 있는 일은 명확하다. 같은 현상을 겪게 될 때를 대비해서 이유를 묻는 것. 이것에서 우리는 어떻게 살아가야 하는지에 대한 시사점도 발견할 수 있다.

과학적 진보 때문이 아니더라도, 우리가 성장하기 위해서는 우리에게 일어나는 일들을 자세히 들여다보아야 한다. 좋든, 나쁘든 또는 추악하든, 모든 경험은 '나'라는 사람을 성장하게 만든다. 그 원인을 파악하고 개선할 용기만 있다면, 모든 실수나 불행은 더 성장하고 배울 수 있는 기회이다. 중요한 것은 내가 겪는 각각의 일들이 삶의 일부임을 아는 것이다. 지금은 괴롭고 힘들지라도 경험은 우리에게 삶에 대한 다양한 관점을 가질 기회를 제공해 준다.

《장난꾸러기 돼지들의 화학피크닉》은 화학에 대한 기초 지식은 물론 세상을 바라보는 시야를 넓혀 주었다. 앞으로는 현재 나에게 일어난 힘든 일들 자체에 주목하는 대신 그 현상의 드러나지 않은 부분을 들여다보아야겠다. 그 경험으로 인해 내 삶에 일어난 긍정적인 일들에 초점을 맞출 것이다. 그로 인해 주어진 기회와 만나게 된 사람들에게 감사해야겠다.

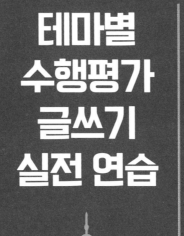

테마별
수행평가
글쓰기
실전 연습

4부

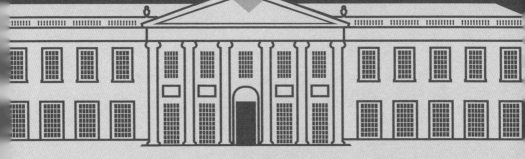

어느 학교로 보내야 할지 고민이에요

알파걸에게 치이는 아들을 둔 엄마들의 고민

여름 방학이 시작된 지 얼마 되지 않았을 때였다. 한 엄마가 얼굴에 장난기가 가득한 남자아이를 데리고 상담을 하러 왔다.

"A학교로 보내야 할지 B학교로 보내야 할지 고민이에요. A학교는 교통이 좋은데 수행평가가 많고, B학교는 집에서 멀기는 하지만 수행평가가 적어서 어찌해야 할지 모르겠어요. B학교로 배정을 받으려면 이사를 가든가 주소지를 옮겨야 하는 상황이거든요. 우리 아이가 덜렁

대기도 하지만 제 몫을 잘 못 해내요."라며 답답해 했다.

야무지지 못한 아들을 둔 부모님들은 5학년 여름 방학이 되면 슬슬 고민하기 시작한다. 남자아이를 둔 부모님들은 수행평가를 적게 하는 중학교를 선호하기 마련이다. 남자아이들이 여자아이들보다 글쓰기를 싫어하기 때문이다.

대부분의 부모님들은 아들이 중학생이 되면 여자아이들보다 다부지지 못해 자기 관리를 잘 못한다고 생각한다. 실제로도 그렇다.

강남의 중학교는 수행평가 시범학교인 곳과 그렇지 않은 곳이 있다. 아이가 초등학교 5~6학년이 되면 중학교를 선택하는 문제로 상담 전화가 많이 온다. 정작 중학교는 선택할 수 없는 데도 말이다.

수행평가의 흐름

아이들은 물론 부모님들조차 부담스러워 하는 수행평가는 1996년 9월 서울시교육청에 소속된 초등학교부터 부분적으로 실시되었다. 그후 '초등교육 새물결 운동'의 일환으로 확대 실시되었다.

1998년 10월에는 '교육비전 2002 : 새 학교문화 창조' 방안으로 수행평가에 대한 국가 수준의 정책을 발표했다. 이 정책은 평가 방법의 다양화는 물론 투명성 보장을 내세웠다. 1998년 중학교에 이어 1999년에는 고등학교에 수행평가가 확대 적용되어 지금에까지 이르고 있다.

사실 수행평가를 준비하는 입장에서는 '느닷없이 찾아왔다'는 말밖에 달리 표현할 길이 없다. 그전까지는 실기평가라는 것이 간간이 있기는 했지만 수행평가는 전에 없이 복잡하고 독특한 방식으로 평가가 이루어진다. 처음 해 보는 포트폴리오는 아이들이나 부모 모두 갈피를 잡지 못해 혼란스러워했다. 파워포인트를 이용한 발표 수업 또한 힘들어하기는 마찬가지였다.

중학교 가기 전에 컴퓨터 기능을 마스터하고 가야 되는 것 아니냐는 불안감이 퍼지자 발 빠른 부모님들은 아이들을 서둘러 학원에 보내 한때 컴퓨터 학원이 호황을 누리기도 했다.

기존의 지필평가과 달리 새로운 평가 방식은 요구하는 것이 많았다. 단순한 답이 아닌 논리적인 서술 방식을 요구한 것이다. 새로운 평가 방식에 따른 교육을 특별히 받은 것도 아니어서 아이들은 어떻게 수행평가를 하는지 갈피를 잡지 못했다.

또 다른 혼란도 생겨났다. 부모님들은 시험이 임박해서 팀 프로젝트를 한다며 아이들이 몰려다니는 것을 못마땅해 했다. 아이들 또한 볼멘소리들을 했다.

"나도 학원에 가야 되는데 미루고 왔더니 친구가 수학 보충 가야 한다며 얼굴만 내밀고 가 버렸어요. 어떤 애는 나오지도 않아요. 아무것도 안한 애가 똑같이 점수를 받으니 너무 화가 나요. 나 혼자 다했단 말예요."

이런 불평들이 끝도 없이 나왔다.

네다섯 명이 조를 이뤄 하다 보면 그중에는 무임승차 하는 아이들이 나오기 마련이어서 잡음이 끊이질 않았다. 처음 팀 프로젝트를 실시할 때는 친구들끼리 알아서 조를 짜라고 했다. 이러다 보니 어느 조에도 끼지 못하는 아이가 생겨났다. 급기야 교사가 팀을 짜 주기도 했는데 이럴 경우에는 뺀질대는 아이가 제발 자기 팀으로 오지 않기를 바랐다.

이러한 우여곡절을 겪으며 지금은 수행평가가 중고등학교에서 자리를 잡았다.

이상적으로 들릴 수는 있지만 21세기의 교육은 열린 교육이 필요하다. 부모님들은 지필평가만으로는 그 역할을 다 할 수 없다는 것을 알기에 창의성을 계발하고 문제해결력을 향상시킬 수 있는 교육 과정을 기대한다. 그래서 개인의 능력과 적성에 맞는 개별 학습이 그 어느 때보다도 관심을 받고 있다.

학교에서 시행되는 다양한 수행평가

학교에서 하는 수행평가는 다양하다. 먼저, 글쓰기와 관련된 것만 정리해 보면 독후감 쓰기, 표현하기(소설 바꿔 쓰기, 자서전 쓰기, 시 쓰기), 포트폴리오 만들기, 진로탐색 프로젝트, 주제탐구보고서 쓰기, 보고하는 글 쓰기 등이 있다. 그리고 수업 중에는 글쓰기 및 말하기 활동(3분 스피치), 노트 검사 및 학습지 검사, 수업 참여도(질문의 횟수로 측정) 등의 활동을 한다. 그 외에 학생 참여 활동으로 가족 역사 인터뷰를 해서 보고서 양식으로 내는 활동도 있다.

　다른 분야에 비해 쓰기 교육에 유난히 인색한 것이 우리의 현실이다. 글쓰기에 노출된 경험이 많지 않은 아이들이 중학교에 입학하자마자 겪는 어려움 중 하나가 바로 수행평가이다. 과제로 나가는 수행평가의 경우에는 보다 못한 부모님들이 대신 해 주기도 하지만 수업 중에 하는 수행평가는 고스란히 아이가 다 해내야 한다.

　이를 대비하여 평소 꾸준히 글쓰기를 준비해 두면 수행평가를 충분히 잘해 낼 수 있다.

수행평가 전략적으로 접근하기

　학습 과정을 중시하고 교육의 결과를 질적으로 평가하려는 수행평가는 전략적으로 잘해야 한다. 수행평가로 글을 쓰게 될 때는 그 수업을 담당하는 선생님이 요구하는 것이 무엇인지, 과제에서 어느 정도의 수준을 필요로 하는지 살펴볼 필요가 있다.

　출제자의 요구를 파악하는 것은 모든 글에 필요한 자질이다. 가능하면 수행평가를 심사하는 사람이 이해할 수 있고, 공감할 수 있는 내용을 주제로 잡으면 좋다. 그러나 다른 사람들이 다 쓸 수 있는 주제는 피하는 것이 좋다. 누구나 생각할 수 있는 것을 글의 주제로 잡으면 나만의 독창성이 없어서 만족할 만한 평가를 받을 수 없기 때문이다.

　그런데 주위를 둘러보면 대한민국 학생들의 생활은 거의 비슷하다.

학교 수업이 끝나면 학원에 갔다 와서 숙제하고, 시간이 좀 나면 스마트폰으로 게임하거나 웹툰 보는 것으로 하루 일과를 마무리한다. 이런 쳇바퀴 도는 생활을 하는 아이들이 쓰는 글들은 대개 고만고만하다. 거기서 거기다. 비슷한 주제로 글을 쓰고 발표하는 수준도 별반 차이가 없다.

이런 환경에서 내가 쓴 글이 좋은 평가를 받고 싶다면 다른 친구들이 발표할 가능성이 높은 주제는 피하고 좀 더 참신한 주제를 잡는 것이 좋다.

참신한 소재를 찾는 방법

참신한 소재로 글쓰기를 하고 싶다면 EBS 방송을 활용해 보자. EBS 방송의 콘텐츠들은 거의 다 유익하지만 구태의연한 방식에서 벗어나기 위해 〈지식채널 e〉를 이용하면 다양한 이야기의 소재를 찾을 수 있다.

〈지식채널 e〉 사이트에 들어가 보면 타이틀별, 내용별, 연도별로 콘텐츠가 나눠져 있다. 글쓰기에 활용할 수 있는 주제들이 분야별로 다양하게 나눠져 있다. '단편적인 지식을 입체적으로 조명해서 시청자에게 화두를 던지는 프로그램'이라는 기획 의도에 나와 있듯이 글쓰기의 소재뿐만 아니라 우리의 생각도 넓힐 수 있는 이야깃거리들을 많이 제공하고 있다.

TIP

〈지식채널 e〉에서 제공하는 분야별 콘텐츠

가족/공동체	가치관/관점	건강/보건
경제	과학	교육
국제	꿈/희망	노력/극복
다양성	동식물/자연	레저/여가
리더십	문학	문화/예술
문화/풍습	미디어	발상의 전환
봉사/나눔	사랑/우정	사회/시사
산업화	소외/편견	생활
스페셜	스포츠	어린이
역사	우주	인권
정치/제도	지식/정보	철학
화해/평화	환경	관계/소통
노동		

나만의 시 쓰기

노래 가사가 시라고?

아이들이 제일 난감해 하는 수행평가 중 하나가 시를 읽고 감상문을 쓰는 활동이다. 학교 수업 시간에 시집을 읽고 수행평가를 할 때는 더 힘들어한다. 보통 시 쓰기 수행평가를 할 때 필독서로 정해진 시집을 선택한다. 시집에 있는 시를 읽고 감상문을 쓰거나 실제로 시 한 편을 써 보는 것은 필수 활동이다.

수업 시간 45분 안에 시를 읽은 다음 '특정 시어가 무엇을 의미하는지 서술하라.', '도치법이나 역설을 활용한 구절을 써 보자.' 등의 활동을 한다. 이 정도는 수업을 잘 듣기만 해도 대부분의 아이들이 할 수 있는 일이다. 그러나 시 한 편을 쓰는 활동을 시작하면 아이들은 막막해 한다.

'시'에 대해 떠오르는 단어를 말해 보라고 하면 모두들 아무 생각이 없다고 말한다. 그냥 어렵다, 재미없다는 말만 되풀이한다.

학교 수행평가를 대비해서 시 한 편을 써 보자고 하면 아이들은 하기 싫어하는 기색이 역력하다.

"시 쓰는 거 너무 싫어요. 안 했으면 좋겠어요."

"학교에서 시험 볼 건데 여기서 왜 또 해요."

"시 쓰기 너무 싫어~ 정말 싫어! 싫다고요!" 하고 떼창을 한다. 이렇게까지 하기 싫다며 몸부림을 치면 나는 슬며시 에일리의 '보여줄게' 영상을 틀어준다.

노래가 나오자마자 아이들이 언제 그랬다는 듯 "우~" 하면서 손뼉을 치기 시작한다. 반복되는 리듬에 몸을 흔들기도 하고 노래를 따라 부르기도 한다. 끼 많은 주현이가 앞으로 나와서 춤을 추기 시작하자 너나 할 것 없이 다른 아이들도 책상을 치면서 몸을 흔든다.

에일리의 노래가 끝나자 다른 노래도 한 곡 더 틀어달라고 한다. 드라마 〈도깨비〉 OST '첫눈처럼 너에게 가겠다'를 다시 틀어줬다. 잔잔하게 흐르는 노래 가사를 모두가 흥얼거리며 따라한다.

도대체 시랑 에일리의 노래가 무슨 관련이 있냐고 묻는 아이들에게 '보여줄게'의 노랫말이 바로 시라고 알려줬다. 시를 어렵게만 생각할 것이 아니라 자신의 경험과 느낌을 노래하듯이 쉽게 표현하면 된다고. 너희들이 춤추고 따라했던 그것이 바로 시에서 말하는 운율이라고 간략하게 설명해 주었다. 멋지게 치장한 글이 아니라 나만의 생각으로 나만 볼 수 있는 눈으로 표현해 보라고 했더니 그래도 못 쓰겠다고 아우성이다.

수필에서 설명글을 빼면 시가 된다

시 쓰는 것을 힘들어하는 아이에게 먼저 자신이 겪었던 일 중 하나를 형식에 상관없이 그냥 한 번 써 보라고 했다. 그런 다음 시로 고쳐 쓰게 했다.

아무렇게나 쓴 글은 다음의 방법으로 운문인 시로 고치면 된다.

형식에 구애받지 않고 생각나는 대로 쓴 글에서 설명하는 부분은 모두 빼 본다. 남은 부분을 짧고 간단하게 정리해 본다. 이처럼 자신이 겪은 일을 시로 쓸 때는 문장을 줄여서 최대한 짧게 쓰는 것이 관건이다. 또 겪은 일에 대한 생각이나 느낌도 간결하게 표현한다. 이때 가장 염두에 둬야 할 것은 소리 내어 읽을 때 노래하듯이 읽히도록 써야 하는 것이다. 반복되는 말이나 의성어, 의태어를 적절히 사용하면 리듬감이 자연스럽게 생긴다.

'보여줄게'와 '첫눈처럼 너에게 가겠다'에서 반복되는 노랫말을 찾아보게 했다.

'보여줄게' 에일리

내가 사준 옷을 걸치고 / 내가 사준 향술 뿌리고

보여줄게 완전히 달라진 나 / 보여줄게 훨씬 더 예뻐진 나

너 없이도 슬프지 않아 / 무너지지 않아

'첫눈처럼 너에게 가겠다' 드라마 〈도깨비〉 OST

첫눈처럼 내가 가겠다 / 너에게 내가 가겠다

이렇게 반복되는 말을 찾아본 후 아이들에게 어떤 느낌이 들었는
지 물어봤다.

"노랫말 속의 상황이 머릿속에 그림처럼 펼쳐지는 거 같아요."

"리듬감이 느껴져요."

시에서의 리듬은 시인이 흥얼거리는 노래로, 음악적인 효과를 나타
낸다. 시는 마음속에 떠오르는 모습이나 느낌을 도화지 위에 그려 보
는 회화적 요소도 지니고 있다. 이러한 것들을 활용해 시인은 자신이
말하고자 하는 바를 표현한다.

이렇게 아이들이 좋아하는 대중가요를 활용하면 시의 이론을 지루
하지 않게 설명해 줄 수 있다.

생활시 쓰기 수행평가

　수행평가를 할 때 쓰는 시는 '생활시'인 경우가 많다. 생활시를 쓸 때는 주변에서 일어나는 일을 솔직하고 진실되게 써야 한다. 자신이 체험했던 일을 진솔하게 표현해야 울림이 있기 때문이다. 좋은 시를 쓰려면 일단 좋은 시를 많이 읽는 게 우선이다. 감동받은 시는 한 번 베껴 써 보는 것도 좋다.

　생활시 쓰는 수업이었다. 쓸 소재가 없다며 스마트폰만 만지작거리는 지홍이에게 스마트폰을 많이 해서 거북목이 됐다고 했더니 울상을 지었다. 수학 학원에서도 스마트폰 하다가 걸렸는데 학원 선생님도 똑같은 말을 했단다.

　"아예 거북목이 되어 버렸네. 그러다 너 진짜 거북이 되겠다."

　선생님들은 왜 나한테만 그러냐고 하기에 "시 쓰기 좋은 소재네, 그걸로 시 쓰면 되겠다. 실제로 네가 겪은 일이니까 생생하게 쓸 수 있겠구만. 그런 시가 진짜 좋은 시야."라고 부추겼다.

　수학 학원에서 있었던 일을 자세히 쓰게 한 다음 설명한 부분을 뺀 나머지 부분을 짧고 간결하게 정리하도록 했다.

학원에서 스마트폰 하다가 걸렸다. 조심조심하며 살금살금하고 있었다.

그러다 그만 정신줄을 놓아 버렸다. 어느 결에 선생님이 다가왔다.

딱 걸렸다. 너 멍 때리는 것 보고 휴대폰 하는 줄 알았지 하며 야단을

쳤다.

그러다 거북목 되겠다. 아니, 벌써 거북목이 돼버렸네 하며 혀를 끌끌 찼다.

지루한 연설이 이어졌다. 연약한 인간이 밀림 속에서 살아남을 수 있었던 건 직립보행 덕분이란다. 허리를 꼿꼿이 세우고 가슴을 펴고 걷는 것. 동물과 다른 인간의 우월한 모습이란다. 에그, 너는 구석기로 돌아가려고 하네. 야단맞는 시간이 공부하는 시간보다 더 길었던 아주 우울한 날이었다.

시를 쓸 때 특히 거북목에 주안점을 두어 쓰게 했다. 다음은 시 쓰기 전 단계인 줄글에서 설명 부분을 빼고 시로 변환한 것이다. 학교에서 하는 수행평가의 평가 항목은 수사법을 두 가지 이상 활용해 형식이나 분량 제한 없이 쓰는 것이었다.

거북목

작성자 : 이지훈

도처에 도사린 밀림 속 위험들
작지만 큰 담력을 지닌 인간의 생존 비법(역설)
소박하게도 걷기였다네.

걸음으로 몸에 중심추 내리고

뚜벅뚜벅 앞으로 나아갔다네.

걷기로 안정된 상체

무게 중심 잡혀 꼿꼿하게

멀리 걸을 수 있었다네.

지금은 스마트폰에 고개 숙이고

컴퓨터에 슬그머니 밀어 넣은 목

기계와 한몸 되어 섬기다 보니

아름다운 거북목 되어(반어)

옛날로 돌아가려 하네

아이들은 실제로 시를 써 본 경험이 전무하다. 이러다 보니 책 꽤나 읽었다는 아이들조차 시 쓰는 것을 힘들어한다. 그런 아이들에게 생활 속에 일어나는 일 전부가 시의 소재가 될 수 있다고 강조했다. 신문 기사나 뉴스, 친구들 사이에 있었던 일도 좋으니 아무튼 써 보자고 했다. 글을 잘 쓰기 위해서는 '잘 쓰려고' 하지 말고 '무조건 써야' 된다는 말도 덧붙여 주었다. 아이들과 시 수업을 하는 당시 위안부 소녀상 철거 문제가 언론에 이슈화되고 있었다.

위안부 소녀상의 시초는 2011년 수요집회가 1,000회를 맞으면서 국민들의 성금으로 건립된 것이다. 그런데 일본 정부가 위안부 피해자에 대한 배상금을 지불하면서 소녀상 철거 요구가 잇달았다.

다음의 글은 화해치유재단이 위안부 피해자에 대한 보상금을 강제로 수령하게 하려는 영상 자료를 보고 서진이가 쓴 시이다.

수요일의 소녀

작성자 : 조서진

고향에 돌아와서도 편히 발 못 붙인 아픔
긴 세월 할머니가 된 소녀의 그림자
한 맺힌 세월
절대 잊을 수 없는 우리들의 이야기

오래 걸려 여명은 밝았으나 아직도 먼
고생하시는 군인들
위로해드리느라
평생 안고 살아온 아픔은
그 가벼운 몇 번의 흥정에
없던 일이 되고

그럼에도 바란다

너희들은 아프지 않기를

같은 일이 반복되지 않기를

그래서 나는 오늘도 이 자리에 선다.

서진이가 처음 쓴 시는 구체적이지 않아 조금 더 구체적으로 표현하라고 지도해 주었다.

수요일의 소녀

작성자 : 조서진

그리던 고국에 돌아와서도 편히 발 못 붙인 채

긴 세월 노령의 소녀 오늘도 길을 나선다 (역설)

백발의 머리에 눈발 없어도

빗방울 저고리에 스며도

한 맺힌 세월 말하려 종로 나들이하는

할머니 소녀들

절대 잊을 수 없는 우리들의 이야기

누구를 향한 위안인가

평생 안고 살아온 아픔은

깃털처럼 가벼운 몇 번의 흥정에 (직유법)

없던 일이 되고

그럼에도 소망한다

우리와 같은 아픔을 겪지 않기를

같은 일이 반복되지 않기를 (도치법)

오늘도 어제처럼 이 자리에 선다.

UNIVERSITY

시를 읽고
감상문 쓰기

내 마음에 들어오는 시 고르기

시를 쓰는 것 못지않게 시를 읽고 느낀 점을 쓰는 활동도 아이들은 힘들어한다. 한 편의 시를 읽고 감상문을 쓰기 위해서는 우선 좋은 시를 선택해야 한다. '좋다'라는 말에는 이미 주관성이 들어가 있다. 따라서 '모든 사람이 마음에 들어 하는 좋은 시'는 없다. 읽었을 때 이해가 되는 시, 내 마음을 움직이는 시가 좋은 시다.

시를 읽고 감상문을 쓰는 수업을 하기 전에 황동규 시인의 〈즐거운 편지〉라는 시를 아이들에게 나눠 주었다. 그리고 이 시에 얽힌 비하인드 스토리를 알려줬다. 〈즐거운 편지〉는 시인이 고등학교 시절 이웃집 대학생 누나를 사모해서 쓴 시라고 말해 주니 여기저기서 자기가 경험한 짝사랑 이야기를 하기 시작한다. 아이들의 이야기를 충분히 들어준 다음 시를 낭송하게 했다.

시를 읽고 감상문 쓰는 방법

시를 읽을 때는 가장 먼저 시적 화자의 마음이나 시적 화자가 처해 있는 상황을 찾아본다. 시와 관련된 장면을 떠올려 보고, 시의 상황과 비슷한 자신의 경험을 생각해 본다. 그 다음 시를 읽고 있는 자신의 마음과 시에 나타난 화자의 마음을 연결해 보면 자신이 고른 시에 더 빠져들 수 있다.

시 감상문을 쓰라고 하면 시집 뒤에 실린 해설을 보고 그대로 베껴 쓰는 아이들도 있다. 해설을 보고 쓰는 것은 제대로 된 감상이 아닐 뿐더러 남의 글을 훔치는 표절 행위라고 강조했다.

시를 읽고 감상문 쓰기 수행평가는 다음의 방법으로 연습해 보자.

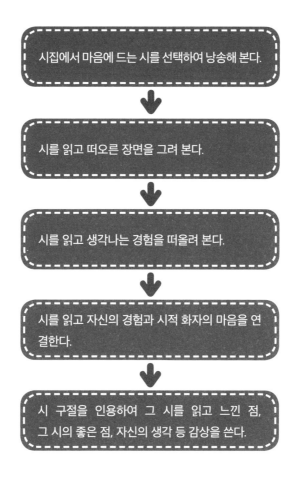

시집에서 마음에 드는 시를 선택하여 낭송해 본다.

시를 읽고 떠오른 장면을 그려 본다.

시를 읽고 생각나는 경험을 떠올려 본다.

시를 읽고 자신의 경험과 시적 화자의 마음을 연결한다.

시 구절을 인용하여 그 시를 읽고 느낀 점, 그 시의 좋은 점, 자신의 생각 등 감상을 쓴다.

다음의 글은 정호승 시인의 〈벗에게 부탁함〉을 읽고 쓴 감상문이다.

〈벗에게 부탁함〉을 읽고

작성자 : 정다영

우리는 화가 날 때 욕을 한다. 누군가를 증오하거나 싫어할 때도 욕을 한다. 사는 것이 싫어질 때는 모든 사람에게 욕을 하고 싶어진다. 누군가를 욕할 때는 분노를 가득 담아서 표현한다.

상대방에게 욕을 할 때는 '나무', '꽃', '새' 또는 '봄비' 같은 놈이라고 해달라고 시적 화자는 부탁한다. '나무'나 '봄비' 같은 놈이라고 욕을 하라지만 이것은 욕을 하는 것이 아니라 오히려 칭찬하는 것에 더 가깝다. 꽃과 새 같은 것들은 자연에서 꼭 필요한 긍적적인 존재들이다. 욕을 칭찬처럼 하기는 쉽지 않을 것이다.

동생과 크게 싸워 욕을 엄청 많이 했다. 방으로 들어가서 서너 시간이 흐르고 나니 분노의 감정이 눈 녹듯이 사라졌다. 실컷 욕을 하고 나서 그런 건지 시간이 지나서 분노가 가라앉은 건지는 잘 모르겠다. 그런데 나처럼 나쁜 말이 아니라 예쁜 말로 욕을 하게 되면 부정적인 감정은 없어질 것이다. 또 이 시에서처럼 자연에 빗대어 욕을 하게 되면 사람의 마음도 순하게 될 것 같다.

"때때로 먼저 피어나는 꽃 같은 놈이 되고 싶다."는 구절을 보고 깜짝 놀랐다. 잎이 나오고 꽃이 피는 것이 순서인데 시적 화자인 '나'는 그와 반대로 꽃이 먼저 피어나는 사람이 되고 싶다고 노래한다. 시인들은 참 독특한 생각을 갖고 있나 보다. 이런 생각을 할 수 있는 것을 보면 시인은 보통의 사람들보다는 다른, 자신만의 개성을 갖고 자유로운 삶을 꿈꾸는 것이 틀림없다. 꽉 짜여진 얽매인 삶보다는 때때로 한 번씩은 그 삶에서 나와 일탈을 해 보라고 권한다. 또 '새 같은 놈'이라고 욕을 해 달라는 부분에서는 너그러운 자연을 닮아가며 살아가라고 충고하는 것처럼 느껴진다.

장례식장에 갔다 온 날은 어느 집이나 가장들의 태도가 달라진다고 한다. 죽은 이가 친구이거나 아주 가까운 사람일 경우에는 더욱 그렇다. 가족한테 더욱 잘하려고 한다. 그 다짐이 오래 가지 못해서 탈이지만 아무튼 장례식에 갔다 온 가장들은 새로운 다짐을 한다.

다음의 글은 정호승의 〈영안실 입구〉를 읽고 쓴 감상문이다. 연서의 감상문은 자신이 겪었던 일과 연결해서 쓴 글이라 감동이 느껴진다. 감상문을 쓸 때도 금방 써서 친구들이 연서를 대단하다며 추켜세웠다.

〈영안실 입구〉을 읽고

작성자 : 김연서

우리 아버지는 영안실에 다녀오신 후에는 가족 모두에게 너그럽다. 술을 좋아하셔서 늘 술과 친구하며 지내신다. 직장 동료 분들과 밤늦게까지 회사에서 쌓였던 일들을 술로 분풀이를 하신다. 새벽에 들어오는 일상을 반복한다. 또 평소에 말수도 적으셔서 가족들과의 대화는 거의 안 하다시피 한다. 하지만 아버지께서 영안실에 다녀오신 날에는 가족이 가장 소중하다며 평소보다 말도 많이 하고 어머니께 잘하려고 애쓰신다. 물론 집에도 일찍 들어오실 뿐만 아니라 술도 마시지 않고, 우리들과도 잘 놀아 주곤 한다. 영안실에 다녀올 때마다 그동안 살아왔던 삶을 반성하시는지 아무튼 착실한 가장으로서의 역할을 톡톡히 해내신다. 그것이 한 달을 못 가서 그렇지.

정호승의 <영안실 입구>에는 삶을 버리고 떠난 사람의 모습을 아쉬워하는 풍경이 나타나 있다. 친구들은 소주잔을 나누며 떠들썩하니 화투를 치는데 왜 관 속에 누워 있는지, '무엇을 버리고 떠나니'라며 묻고 있다. 또한 '별들이 왜 어둠 속에서 빛나는지 아는 데에 일생이 걸렸다.'는 '너의 말'은 정말이냐며 욕심껏 살아온 자신에 대해 후회를 하고 있는 듯하다.

영안실의 입구에 들어서면 아무것도 놓지 못하는 욕심덩어리인 우리 모두의 삶을 되돌아보게 한다. 그래서 우리 아버지께서도 장례식장에 갔다 오신 날에는 항상 다짐을 하나 보다.

죽음을 떠오르게 하는 검은 화살표의 영안실 입구 모습은 삶에 대한 쓸쓸함을 느끼게 한다. "내가 따라가지 않아도 쓸쓸하지 않겠니"라는 글에서 죽음으로 향하는 길에 홀로 갈 수밖에 없는 외로움과 함께해 주지 못하는 안타까움이 느껴진다. 죽은 이가 얼마나 쓸쓸할지에 대하여 생각하는 것 자체가 우리 모두 외롭고 쓸쓸한 존재임을 보여 준다.

결국 영안실에 갔다 오는 행동을 통해 우리가 평소에 어떻게 잘살아야 되는지를 되돌아보게 한다.

대부분의 아이들은 시 감상문을 쓰라고 하면 시 한 편을 골라서 쓴다. 그러나 연호는 시가 아니라 시인을 대상으로 감상문을 썼다. 연호는 글을 잘 쓸 뿐만 아니라 학습능력도 탁월해서 나중에 S대 의대에 입학했다.

연호는 시집에 실린 다른 시들도 함께 분석했을 뿐만 아니라 EBS에서 방영된 윤동주 시인에 대한 강연을 찾아서 듣는 열의까지 보였다. 윤동주 시인을 사랑할 수밖에 없는 이유를 시대의 아픔과 시인의 고결한 이상과 연결해서 심층적으로 접근했다.

어둠 속의 슬픈 별, 윤동주

작성자 : 정연호

그는 스스로가 부끄럽다 한다. 자기 자신에게 수없이 되뇌고, 또 다짐한다. 자신의 길을 가며, 하늘이 내린 소명을 다하겠노라고……

이런 윤동주에게 있어서 '시'라는 것은 한없이 부족하고 나약한 자신의 모습을 분출하는 일종의 '자학의 수단'이자 '약속'이었다고 생각한다. 왜냐하면 윤동주의 시는 대부분 글로써밖에 표현할 수 없는 자신의 소심함과 고결한 이상을 적나라하게 드러내고 있기 때문이다.

그의 가장 대표적인 시인 <서시>만해도 그렇다. '별'이라는 영원불멸한 이상을 찬양하면서, 자신은 끝까지 자기의 길을 걸어가리라 다짐한다. 또 다른 시 <병원> 역시 윤동주의 내적인 고뇌를 여인의 병에 빗대어서 표현하고 있다. <길>이라는 시에서는 '일제 강점'이라고 하는 높고도 험한 담에 부딪쳐 이룰 수 없는 삶의 목표에 대해 안타까워하고 있다.

이처럼 윤동주의 시는 표면적으로는 예쁜 시일지 몰라도 깊게 파고 들어가면 그의 고통스러운 자기 성찰의 순간들을 엿볼 수 있다. 윤동주와 그의 시를 연구하는 한 교수가 EBS 강연에 나와 말한 것을 인용하면 다음과 같다.

"윤동주의 시는 극히 청교도적이고 애국적이다."

윤동주는 엄격한 기독교 집안에서 자라났다. 그의 시에서 느껴질 수 있는 이런 분위기는 어쩌면 당연한 것일지도 모른다.

그는 항상 직접 발 벗고 애국 운동을 하지 못한 자신을 부끄럽게 여겼다고 한다. 하지만 나는 그의 시 모두에서 묻어나는 애국심을 충분히 느낄 수 있었다. 다른 이들이 친일성 작품을 쓸 때도 꿋꿋이 자기 길을 걸어가고, 권력에 억눌린 와중에도 기어코 일어서려 했던 그의 의지가 시에 담겨 있는 것 같았다.

윤동주의 시는 침울하고 또 절망적이기도 하다. 하지만 나는 그 속에서 피어나고자 하는 희망과 용기를 보았기에, 윤동주! 이 시인을 사랑하지 않을 수 없다.

소설로 쓰는
독후감

영화화된 소설은
독후감 수행평가에 좋은 자료

　시험이 끝난 주에는 대부분의 학원들이 휴강을 한다. 오랜만에 '학원 방학'을 맞이한 아이들을 논술학원으로 불러들이기는 쉽지 않다. 더더욱 시험이 끝난 직후 논술학원에서 책 읽고 글을 쓰라고 아이들에게 요구하기란 현실적으로 매우 어렵다. 아이들의 저항도 만만치 않다. 그래도 어쩌겠는가? 수행평가는 시험 기간이 정해져 있지 않은 것을.

　그럴 때마다 내가 쓰는 처방이 하나 있다. 바로 영화보기 주간이라고 아이들을 초대하는 것이다. 이때 보여 주는 영화는 반드시 원작이 있는 작품을 선택한다. 영화를 다 보고 나서 느낀 점을 써 보라고 하면 아이들은 약간의 반항(?)만 하고 순순히 연필을 잡는다.

영화와 책, 매체에 따라 받아들여지는 느낌이 어떻게 달라지는지 비교하여 감상 포인트를 잡아 수업을 진행한다.

영화를 보거나 책을 읽을 때 간에 '나라면 어떻게 했을까?'라는 생각은 항상 가지고 있어야 한다고 말해 둔다. 이는 단순히 요약이나 감상에 그치는 것이 아닌 작품을 보거나 읽고 느낀 점을 내 삶에 적용하는 독서법으로, 감상문을 쓸 때도 내용을 풍성하게 해 주는 좋은 방법이다. '하버드 독서법'이라고 일컫는 이 방법을 이용하면 누구나 고급 독자가 될 수 있다. 눈 밝은 독자가 되면 좋은 글도 쓸 수 있다.

자신의 꿈과 접목시켜
독후감 쓰기

다음의 글은 실화를 바탕으로 한 소설《MIT 수학 천재들의 카지노 무너뜨리기》를 원작으로 한 영화 〈21〉을 보고 쓴 독후감이다. 영화와 다른 부분을 책에서 발췌해서 읽게 한 다음 감상문을 쓰게 했다. 지우가 쓴 글은 대부분의 아이들처럼 줄거리를 요약한 단순 감상에 그쳤다.

지우에게 이 책을 읽고 어떤 생각이 들었는지 물었더니 수학을 실생활에 적용할 수 있다는 점이 놀라웠고, 주인공의 재능이 아깝다고도 했다. 지우는 캐빈처럼 명문대를 다닐 만큼 수학도 잘하고 능력이 있으면 좀더 유익한 일에 자기 능력을 썼을 거라고 했다. 그러나 부정적인 곳에 재능을 낭비했지만 캐빈에게는 장점도 많다며 영화 감상을 잘 말해 주었다. 지우에게 그런 감상평을 독후감에 추가하면 더 좋은 글이 될 것이라고 격려했다.

지우는 유전공학자가 되고 싶다는 자기 꿈을 접목하여 멋진 독후감을 썼다.

《MIT수학 천재들의 카지노 무너뜨리기》를 읽고

작성자 : ○○중학교 3학년 황지우

우리는 생활 속에서 심심치 않게 '도박으로 가산을 탕진한 사람들'의 이야기를 접하곤 한다. 제목부터 범상치 않은 《MIT수학 천재들의 카지노 무너뜨리기》는 도박이라는 강렬하면서 위험천만한 소재를 바탕으로 하고 있다. 소설 같은 실화여서 흥미진진하다. 명문 MIT 대학생들이 블랙잭을 통해 엄청난 돈을 벌고 몰락하는 과정을 들려 준다. 패배가 예정된 게임의 승률을 80%까지 끌어올린 천재들의 이야기가 우리에게 전하고자 하는 바는 무엇일까.

사실 MIT 장학생 정도라면 큰돈을 벌 수 있는 기회는 얼마든지 있었을 것이다. 그가 매력을 느꼈던 것은 카드 카운팅을 가능하게 해 주는 수학 그 자체의 아름다움 때문이기도 했다. 많은 돈을 벌 수 있다는 동기 자체가 순수하진 않았어도 시작은 이렇듯 아름다웠다. 한국에 수포자가 얼마나 많은데 수학에 아름다움을 느끼다니. 어떤 경지에 도달해야 그런 마음이 들까.

캐빈의 마음을 빼앗은 '카드 카운팅'은 미리 나온 패들을 머릿속에 입력하고 앞으로 나올 패들을 예측하는 방법이다. 총 312장의 카드 순서를 기억하고 정확히 확률을 예측하기란 아주 힘든 일이다. 하지만 운 때문이 아니다. 예측할 수 있는 양질의 두뇌가 받쳐 줘야 한다. 캐빈처럼 머리가 좋아서 라스베이거스에서 크게 한탕할 수 있다면 누군들 그러고 싶지 않을까?

어마어마한 돈 앞에서 그들의 이성은 증발해 버리고, 눈앞의 카드가 뒤집힐 때마다 판단력은 흔들린다. 이 이야기의 실제 주인공이었던 마이크는 "블랙잭 등 겜블은 자신이 컨트롤할 수 있는 정도에서 멈출 수 있는 자제력이 바탕이 되어야 한다."고 경고한다. 그런데 과연 이것이 이성적으로 가능할까 하는 마음이 들었다. 실제로 돈을 딸 수 있다는 기대감은 위기를 느끼는 뇌 부위를 둔화시킨다는 연구도 있다. 아무래도 카지노를 이기는 가장 확실하고 유일한 방법은 카지노에 가지 않는 것이 상책일 듯싶다.

돈을 따기 위해서 치밀하게 준비하고 훈련하는 모습을 보면서 이들의 왜곡된 목표의식을 엿볼 수 있었다. 한편으로는 안타까운 마음이 들기도 했다. 이들은 자신들의 재능을 카지노에서 돈을 따기 위한 부정적인 용도로 사용하기보다 재능을 좀더 바람직한 방향으로 썼어야 했다.

나의 꿈은 유전공학자가 되어 유전 질환과 관련된 연구를 하는 것이다. 암이나 노화, 치매 등과 같은 질병 유발에 대한 연구를 하여 인류에 도움이 되는 역할을 하고 싶다. 유전공학과 관련된 연구는 장시간 동안 끊임없이 진행된다. 따라서 그것을 견뎌 낼 체력이 뒷받침되어야 한다. 끈기 또한 필요하다.

비록 도박에 자신의 재능을 허비했지만 캐빈의 태도에서 반면교사로 삼을 만한 것이 있다. 철저한 준비와 연습을 하는 것, 문제 해결을 위한 논리적 사고, 이러한 것은 따라할 만하다. 캐빈의 구성원들은 새로운 도박판이 정해지면 준비 기간 동안 철저하게 대비를 한다. 승률에 대한 정확한 판단을 하기 위해 캐빈의 구성원들은 치밀한 분석을 한다. 시작부터 패배가 예상된 승률을 80%까지 올리기 위해 고군분투하는 것을 보면서 나의 꿈에도 적용하고 싶은 마음이 들었다.

기억에 남는 장면을 중점으로
독후감 쓰기

독후감을 쓰라고 하면 아이들은 한결같이 줄거리 요약에 치중한다. 줄거리 요약을 못하게 하면 인터넷에 떠 있는 작가 소개라도 긁어 붙여야 안심이 되는 눈치다. 물론 쓸 말이 없어서 그렇긴 하지만.

영화 〈쇼생크 탈출〉의 원작 소설인 《리타 헤이워드와 쇼생크 탈출》을 읽고 쓴 재민이의 글도 역시나 반 이상이 줄거리 요약이었다. 책의 줄거리는 인터넷만 찾아봐도 다 나와 있어서 굳이 독후감에 쓸 필요가 없다. 줄거리보다 책을 읽은 후 가장 기억에 남는 부분을 써 주는 게 더 낫다.

재민이는 앤디가 레드를 만났던 부분이 가장 기억에 남았다고 했다. 주인공이 레드를 만난 후 교도소 생활에 적응할 수 있었고, 레드도 앤디 덕분에 자유를 얻을 수 있었기 때문에 그 장면을 보고 '만남이 인생에서 가장 중요하다.'라고 느꼈다고 했다. 그리고 절망적인 상황에서도 희망을 잃지 않는 주인공을 보고 뭉클한 감정도 느꼈다고도 했다. 주인 의식을 갖고 사는 앤디가 멋져 보였고, 올곧게 사는 사람은 타인까지 자유롭게 할 수 있다며 제법 어른스러운 말을 했다.

이렇게 책과 영화에 대한 감상을 멋들어지게 하는 아이들도 독후감을 써 보라고 하면 아무 생각이 없는 것처럼 줄거리만 요약하는 것이 안타까웠다. 재민이에게도 줄거리 대신 가장 기억에 남는 부분과 거기에서 느낀 점을 중심으로 독후감을 써 보라고 했다.

《리타 헤이워드와 쇼생크 탈출》을 읽고

작성자 : 신재민

이 책은 억울한 누명을 쓰고 수감된 앤디 듀프레인이라는 은행 간부의 이야기이다. 그는 인간 말종들이 모인 쇼생크라는 교도소에서 이루 말할 수 없는 억압과 짐승보다 못한 취급을 받는다. 간부들의 무자비한 폭행과 악질 죄수들의 괴롭힘 속에서 살아가던 그는 한 간수의 세금을 면제 받게 해 준 사건을 계기로 교도소의 비공식 회계사가 된다. 하지만 제자 토미의 진짜 범인에 대한 증언을 들은 그는 재심 요청을 한다. 그 소식을 들은 소장은 앤디의 결백이 알려지면 자신의 처지가 곤란해질 것을 염려해 토미를 살해한다.

이처럼 작가는 이 책을 통해 인권의 사각지대인 교도소의 실상을 샅샅이 파헤친다. 동성 강간, 폭력, 값싼 수감자 인력을 동원한 비리, 살인, 무엇보다도 사회로부터 완전히 격리되어 교도소만을 삶의 전부로 만들어버리는 당시 제도와 관리는 비판받아 마땅하다. 준비되지 않은, 그리고 교도소가 삶의 전부라고 믿었던 브룩스. 원하지 않았던 자유를 얻은 그가 스스로 목숨을 끊는 장면은 제도 속에서 인간이 어떻게 희생 당하는지를 잘 보여 준다.

많은 사람들이 그토록 바라던 자유가 브룩스에게 있어서는 또 하나의 저주일 뿐이었던 것이다.

그의 죽음에는 사회의 책임도 있겠지만 개인의 책임이 전혀 없다고는 할 수 없다. 가장 중요한 것은 주인 의식이 있는 삶을 사는 것이다. 스스로의 삶에 주인 의식이 있는 사람은 자신의 삶을 주체적으로 이끌어 나갈 뿐만 아니라 스스로의 가치를 창조하고 평가한다.

한 번쯤 스스로를 되돌아보는 것도 좋겠다. 나는 내 삶을 스스로 결정하는 사람인가? 내 삶이 아닌 다른 사람들의 시선에 최대의 의미를 부여하고 있지는 않은가? 우리는 어쩌면 이미 사회라는 또 다른 쇼생크에 길들여져 있는 걸지도 모른다.

토미의 살해 사건 이후 낙담해 하는 앤디에게 레드가 가서 말을 거는 장면이 인상깊었다. 앤디는 나중에 멕시코의 섬으로 가서 태평양에 호텔을 열고, 배를 수리해서 타고 다니면서 노후를 지내고 싶다는 희망을 이야기한다. 그는 끝까지 희망을 간직한 것이다. 레드는 앤디에게 현실을 받아들이라고 이야기하지만, 희망을 버리지 않은 앤디는 600년은 걸릴 듯한 토굴을 19년 만에 파서 탈출한다.

절대적 절망의 상황에 놓인 인간은 어떻게 살아야 할까? 19세기의 철학자 키에르케고르는 '절망이야말로 인간을 죽음에 이르게 하는 병'이라고 칭했다. 절대적 긍정을 바라보는 앤디의 태도는 자신의 가치를 스스로 충만하게 하고, 고통스러운 상황을 저주가 아닌 축복으로 거듭나게 한다. 그리고 브룩스와 같은 길을 가려 했던 레드도 자신을 구속하는 체제에 대한 순응을 거부하고, 자유를 얻는다. 물론 어떤 상황에서도 긍정적인 태도를 가지기란 불가능에 가깝지만, 작은 것 하나부터 긍정하는 태도가 언젠가 닥칠지 모를 큰 절망을 이겨낼 수 있는 계기가 되어 줄 것이다.

UNIVERSITY

수필 쓰기

학교에서 수필 쓰기를 하는 이유

학교에서 하는 수행평가 중 수필 쓰기가 있다. 다른 말로 에세이 쓰기라고도 한다. 수필은 우리가 일상생활에서의 경험을 통해 얻은 생각과 느낌을 형식이나 내용에 제한 없이 쓴 글이다.

수필에는 경수필과 중수필이 있다. 경수필은 개인의 체험이나 인상, 느낌 등을 가볍게 쓴 글로, 일기나 편지, 기행문처럼 개인적이고 신변잡기적인 성격을 띤다. 붓 가는 대로 쓰는 글이다 보니 자기 고백적인 성격을 띠고 있다. 이에 비해 중수필은 과학이나 철학, 종교 등과 같이 전문적이고 사회적인 내용이나 시사적인 문제 등을 다루고 있는 글로, 논리적인 근거를 통한 주장이 중심을 이룬다. 그렇기 때문에 중수필에는 객관적이고 논리적인 생각과 지식이 담겨 있다. 칼럼이나 평론이 대표적인 중수필이다.

학교에서 수필 쓰기 수행평가를 하는 이유는 교육 과정에 있기 때문이다. 교과서 학습목표에 "'문학'은 자신의 가치 있는 경험을 개성적인 발상과 표현으로 형상화할 수 있다. '쓰기'는 생각이나 느낌, 경험을 드러내는 다양한 표현을 활용하여 글을 쓸 수 있다."라고 명시되어 있다.

교육 과정에 따라 학교에서는 교과서에 실린 수필을 읽게 한다. 다양한 표현 방법이 활용되고 있는 수필을 읽고 표현의 원리와 효과를 파악하게 한다. 그런 다음 자기 생각이나 느낌, 가치 있는 경험을 소재로 수필을 써 봄으로써 교과 과정을 수행한다. 이 과정을 통해 자신만의 언어로 자신이 경험한 것을 개성 있게 표현하는 능력을 기르게 된다.

매의 눈으로 일상에서
수필의 소재 찾기

수필 쓰기 수행평가를 잘하기 위해서는 다음과 같은 것이 필요하다. 이것은 물론 일반적인 수필 쓰기에도 해당된다.

의미 있는 경험이 담긴 수필을 쓰려면 우선 일상에서 가치 있는 경험을 찾는 것이 중요하다. 이러한 경험을 통해 얻은 감동과 깨달음이 무엇인지 생각해 보아야 한다. 생각하지 않고 무작정 쓰는 것은 씹지 않고 식사하는 것과 같다.

대부분의 아이들은 자신이 경험하는 것에 아무 의미를 부여하지 않고 그냥 넘기기 일쑤다. 또 학교와 학원을 오가는 반복되는 일상에서 의미 있는 경험을 하기 힘든 경우도 있다. 그러나 수필의 소재가 되는 경험을 찾기 위해서는 주변을 세심하게 관찰하는 매의 눈이 필요하다.

섬세한 촉을 세우고 관찰 대상으로부터 의미와 가치를 발견하는 데서 수필 쓰기는 시작한다. 그리고 관찰한 것을 토대로 글감을 정하고 어떻게 쓸 것인지 브레인스토밍으로 구상한다. 구상한 것들을 마인드맵으로 분류한다. 그런 다음 글의 뼈대를 잡는다. 처음-중간-끝에 쓸 내용들을 정리한 후 순서에 맞춰 본격적으로 수필 쓰기에 들어간다.

수필은 쉬운 언어로 써야 한다. 자신의 지식을 자랑하는 현학적인 글쓰기는 전달력이 떨어진다. 쉽게 써야 가독성도 좋다. 그래야 글의 메시지가 잘 전달된다. 글을 쉽게 쓰기 위해서는 구체적인 사례를 들거나 에피소드와 연관시켜 글을 쓰면 재미를 더할 수 있다. 글의 내용도 알차야 하지만 글에 리듬감이 있으면 읽기가 훨씬 수월하다. 짧은 문장과 긴 문장을 번갈아가면서 글을 쓰면 글의 리듬감을 살릴 수 있다. 이에 덧붙여 읽는 이에게 감동을 줄 수 있는 교훈과 의미가 있으면 수필 쓰기 수행평가에서 좋은 결과를 얻을 수 있다.

유튜브를 활용하여
배경지식 넓히기

과학의 달인 4월이면 대부분의 학교에서는 과학 관련 행사들을 많이 한다. 일부 학교에서는 과학 독후감 혹은 과학 에세이 쓰기로 수행 평가 활동을 하기도 한다.

학교에서 하는 과학 에세이 쓰기 수행평가는 과학책을 읽은 후 느낌이나 감상을 정리하는 정도의 글쓰기이다. 그러나 학교 밖 활동으로 참여할 수 있는 '노벨과학에세이대회'에서는 학교 수행평가로 쓴 수필과 달리 학술 논문을 근거 자료로 활용해 논리적으로 자신의 주장을 펼치는 과학 에세이를 써야 한다.

수행평가로 하는 과학 에세이를 쓸 때는 어떤 주제로 글을 쓸 것인지를 먼저 정한 후 관련 책을 읽어 보는 것이 좋다.

4월에 있을 과학의 달 수행평가 활동에 대비해 아이들과 함께 '운동과 공부'라는 주제로 과학 에세이를 작성해 보기로 했다. 먼저 아이들에게《운동화 신은 뇌》라는 책을 보여 주면서 이 책을 처음 봤을 때 어떤 인상을 받았는지 물어보았다. 토론하기 전에 자기의 생각을 편안하게 말할 수 있도록 하기 위해서였다.

태진이가 "제목을 보니 뇌와 운동이 관련 있겠다는 생각이 들었어요."라고 말한다.

《운동화 신은 뇌》는 아침 운동과 성적 향상의 상관 관계에 대한 내용으로, 올림피아드 대회에서 높은 성적을 낸 내슈퍼빌 중학교 이야기를 담고 있다. 이 책에 따르면 운동은 학습능력을 향상시켜 주고 우울증을 해소할 뿐만 아니라 스마트폰 중독과 게임 중독도 해결할 수 있다고 한다. 특히, 운동을 하면 혈액이 뇌로 공급되기 때문에 뇌는 최적의 상태가 된다. 근육이 발달하고 심장과 폐 기능이 좋아지는 것은 물론이다.

이번에는 운동과 학습의 연관 관계에 대한 배경지식을 확장시키기 위해 유튜브를 이용했다.

마침 한국을 방문한 이 책의 저자 레이티 교수가 강연한 '운동과 인지 능력' 영상도 있었다. 그에 따르면 매일 운동을 했을 때 학습 속도가 올라간다고 한다. 즉, 체육이 우등생을 만든다는 것이다.

저자 강연을 다 본 후 유튜브에 '운동과 공부'라는 키워드로 검색해 보았다. 비슷한 사례가 우리나라에도 있었는데 '0교시 체육 프로젝트'를 실시한 신평고등학교와 원촌중학교의 성적 향상 사례였다. 이 두 학교에서 0교시에 체육 시간을 넣어 운동을 시켰더니 다음 수업에 집중력도 높아졌고, 시험 점수도 올랐다고 한다.

원촌중학교는 우리 학원에서 도보로 10여 분 거리에 있다. 그 학교 이야기가 나올 때 아이들의 몰입도가 매우 높았다. 운동 후에 전교 등수가 100여 등 가까이 오른 사례를 보고 아이들은 믿을 수 없다는 표정을 지었다. "저게 정말 사실이라면 운동을 열심히 해야겠는걸요." 하면서 수업에 집중했다.

운동의 중요성을 알고 있지만 학교에서 0교시에 체육 수업을 넣는 학교는 일부에 그치고 있다. 현실적으로 아침에 운동을 하려면 큰 결심이 필요하다. 학교에서나 가정에서 운동이 꼭 필요하다는 것을 인식하고 실천해야 한다는 점을 강조하며 에세이를 작성하게 했다.

태진이는 인터넷 서점에 나와 있는 책 소개 글을 그대로 써 놓았다. 남이 써 놓은 글을 가져다 그대로 쓰면 표절이라고 말해 주었다. 에세이 첫 부분에 책 소개를 쓰려고 한 것은 좋은 의도였지만 그 내용은 자신만의 언어로 정리해서 써야 한다고 주지시켰다.

그리고 과학 에세이는 독후감상문과 달리 책의 내용보다 해당 주제에 대해 자신의 생각과 주장이 들어가는 것이 좋다고 팁을 주었다. 태진이는 운동이 성적 향상에 도움이 되니까 '공부를 잘하기 위해서라도 운동을 생활화하는 것이 좋다.'라는 생각을 가지고 있었다. 그 생각에 알맞은 근거를 찾아 논리적으로 풀어보라고 덧붙였다.

다음은 태진이의 주장이 담긴 과학 에세이이다.

《운동화 신은 뇌》를 읽고

작성자 : 윤태진

나는 책을 읽기 전 제목부터 먼저 본 다음 읽을까 말까를 결정한다. 뇌가 운동화를 신다니? 뇌에다 운동화를 신기면 어떻게 될까? 아마 뇌가 달리기를 하겠지. 그렇게 되면 뇌가 팽팽 잘 돌아갈거야. 이렇게 엉뚱한 상상을 하며 책을 읽게 되었다.

이 책의 제목을 보았을 때부터 분명 뇌가 운동이랑 밀접한 관련이 있을 거라고 생각하며 찬찬히 읽어 내려갔다. 이 책은 구체적인 사례를 들어 설명하고 있어서 그런지 어렵지 않게 읽을 수 있었다.

요즘 나에게 운동이란 단어는 다른 나라 사람들의 이야기처럼 느껴진다. 운동을 언제 했는지 기억도 안 난다. 4학년 때인가 5학년 때는 피구를 정말 열심히 했다. 남자애들과 여자애들 몇 명과 함께 점심시간마다 피구를 했다. 점심시간에도 심지어 수업이 끝나고도 매일매일 했다. 피구뿐만 아니라 아이스하키, 생활체육 등 여러 종류의 운동을 했다. 그런데 중학교 다니면서는 시간이 없다는 핑계로 운동을 많이 못하고 있다. 학원 여러 개를 다니느라 아예 운동할 생각조차 못한다. 나뿐만 아니라 내 주변의 친구들도 모두 그렇게 지내고 있다.

그러던 내가 다시 운동하기로 결심한 것은 이 책을 읽고 느낀 게 많아서다. 책을 읽으면서 놀라웠던 사실은 뇌와 학습에 관한 부분이다. 책을 보니까 건강도 뇌가 조정한단다. 뇌가 하는 일이 참 많았다. 뇌는 혈관 덩어리로 되어 있기 때문에 운동을 하면 혈액 순환이 잘 된다고 한다. 그래서 머리도 잘 돌아가 학습도 빨리 할 수 있게 된단다.

예를 든 미국 일리노이주 네이퍼빌 203학군(초등학교 14곳, 중학교 5곳, 고등학교 2곳)은 0교시 체육 수업을 정규 과정으로 활용하고 있다. 1교시 수업 전 1마일 달리기로 수업을 시작한다. 그 결과 1만 9,000명의 학생들은 전국에서 가장 건강하고 학업 성적도 뛰어난 아이들로 바뀌었다.

이곳의 1마일 달리기 수업에서는 건강을 관리하는 방법을 가르친다. 네

이퍼빌에서의 체육은 운동 경기의 규칙을 가르치기보다는 오히려 건강한 생활 방식을 익히게 하는 데 중점을 둔다. 그 결과 학생들은 몸에 대한 정확한 지식을 얻고, 건강한 습관도 자리 잡는다.

네이퍼빌과 같은 사례가 우리나라의 몇몇 학교에서도 적용됐다. 신평고등학교라는 곳에서 아침에 운동을 시켰다. 그런데 운동한 많은 학생들의 성적이 향상됐다. 원촌중학교에서도 아침 운동 시간을 만들었다. 아침 운동 시간이 있은 후에 이 학교에서는 전교 등수가 96등이나 오른 학생도 있었다. 운동을 하면 피곤해서 졸거라고 생각했는데 그게 아니었다.

이 책을 읽으면서 다시 한번 운동을 해야겠다는 결심을 하게 됐다. 운동을 열심히 해서 남들처럼 전교 등수도 올리고 싶다. 이제부터라도 운동화 끈을 바짝 조이고 빠른 걸음으로 걸어 다녀야겠다. 틈만 나면 운동을 해서 내 생활의 일부로 만들 것이다.

생활문 쓰기

학교에서는 1학기 때 주로 글쓰기와 말하기 수행평가 활동을 한다. 주로 진로탐색보고서나 진로와 관련된 프로젝트를 실시하고, 독후 활동과 포트폴리오, 주제탐구보고서, 자서전 쓰기 등 말하기와 글쓰기를 병행하여 수업 일정을 짠다. 수업 중에 실시하는 학습지 검사나 공책 검사, 수업 참여도도 평가 항목에 포함된다.

이처럼 말하기를 제외한 모든 활동에서 글쓰기가 이루어진다. 사실 말하기도 글로 써 본 다음 정리해서 발표하는 것이기 때문에 '입으로 쓰는 과정'이라고 볼 수 있다.

생활문 쓰는 방법

　대부분의 아이들은 글쓰기를 싫어한다. 글쓰기를 싫어하다 보니 가능하면 쓰지 않으려 하고 글을 계속 안 쓰다 보면 결국은 글을 못 쓰게 된다. 그러다 보니 정작 글쓰기가 꼭 필요한 시기에 "저는 원래 글을 못 써요." 하면서 포기하는 아이들도 있다.

　이렇게 글쓰기를 싫어하는 아이들에게 생활문 쓰기부터 시작하면 글쓰기에 접근하기가 쉬워진다. 생활문은 자신이 생활하며 경험한 일을 쓰는 것이다. 생활문의 소재와 주제는 무궁무진하다. 겪었던 일 중에서 기억에 남거나 의미 있는 사건을 하나 정한다. 형식이 정해져 있는 것은 아니지만 겪었던 일을 시간 순서 혹은 장소의 이동에 따라 생각의 흐름에 맞춰 쓰면 된다. 소설을 쓰는 것이 아니기 때문에 경험을 기록할 때는 진솔하게 써야 한다.

　생활문을 쓸 때 처음 부분에는 읽는 이의 관심을 끌 수 있도록 흥미롭게 시작한다. 글의 중간 지점에는 읽을거리가 많도록 다양한 사례나 경험을 담는 것이 좋다. 그리고 마지막 부분에는 명언이나 격언 등을 적절히 활용해도 되고, 다시 한 번 주제를 언급하면서 마무리하는 것이 좋다.

　민혁이는 자신이 꾼 꿈에 대해 글을 썼다. 민혁이는 민수의 발가락이 잘려서 피가 나고 있는 꿈을 꿨는데 어떤 사고로 이런 상태가 되었는지에 대한 인과 관계가 부족했다. 글 쓰는 사람이 민혁인데, 굳이 '나'라는 주어를 반복해서 쓸 필요가 없다. 시간상 맞지 않는 부분도 있었고 나름 꿈에 대한 해석을 하는 데도 이유가 타당하지 않았다.

민혁이에게 문장은 문장끼리, 단락과 단락끼리 유기적으로 서로 연결되게 써야 하고, 납득할 만한 근거가 있어야 글에 흡인력이 있다고 말해 주었다.

내 꿈 이야기

작성자 : 이민혁

최근에 이런 꿈을 꾸었다. 학교에 갔다가 집에 돌아와 보니 내 동생 민수가 있었다. 민수는 발가락이 잘려 피가 나고 있었다. 어떻게 해서 발가락이 잘린 거냐고 물어도 대답이 없었다. 민수는 그저 웃고 있었다. 한참을 웃고 있었다. 민수가 하는 짓 좀 보고 야단 좀 쳐줬으면 하는 눈으로 엄마를 바라봤다. 엄마는 아무렇지도 않게 그냥 밥을 차리고 있었다.

눈길을 아무리 줘도 엄마는 묵묵히 밥상만 차렸다. 민수를 내버려두는 그 상황이 견디기 힘들었다. 엄마에게 보란 듯이 나는 내 이빨을 뽑기 시작했다. 그만하려고 했지만 내 몸은 멈추지 않았다. 너무 아팠다. 틀니를 껴야 할 지경까지 이르렀다.

뽑힌 이빨을 가지고 엄마한테 가서 "엄마 저 이빨이 다 뽑혔어요."라고 했다. 그런데도 엄마는 아무런 반응을 보이지 않았다. 걱정이 돼 속이 탔는데도 엄마는 태연했다. 그냥 알아서 붙으니까 걱정할 것 없다고 했다. 하지만 아무리 애를 써도 이빨은 붙지 않았다. 갑자기 긴장이 되었다. 순식간에 절망에 빠졌다. 희망이 없다고 체념한 순간 잠에서 깨어났다.

꿈을 해석한 내용은 이러하다. 꿈속에서 민수의 발가락이 잘린 것은 그동안 민수를 괴롭힌 것에 대한 죄책감이 그렇게 표현된 것 같다. 민수가 그저 웃고만 있는 것은 내 장난에 그만큼 익숙하고 길들여졌기 때문일 것이다. 또 민수를 괴롭힌 것에 대한 사죄하는 마음으로 내 이빨을 스스로 뺀 것은 아닌지. 아마 틀니 할 정도로 이빨을 다 빼는 것은 죄의식을 덜고 싶었던 마음이 꿈으로 나타났다는 생각이 든다.

이제 현실은 꿈과 정반대가 됐다. 그동안 나한테 당하기만 하던 민수가 볼 때마다 심술궂게 장난을 친다. 괴롭힘을 당하면서 남을 괴롭히는 것에 대해 훈련이 됐나 보다. 지금은 오히려 민수의 짓궂은 장난 때문에 힘들다. 집에 가면 민수가 오늘은 무엇으로 나를 괴롭힐지 걱정부터 앞선다. 매번 민수의 거친 장난에 대비하며 집으로 돌아간다. 처지가 완전히 바뀌어 버렸다.

UNIVERSITY

과학 독후감 쓰기

아이도 엄마도 부담되는
수행평가 글쓰기

한눈에 보기에도 매끈한 도자기 피부를 한 어머니 한 분이 나를 찾아왔다. 올해 중학교, 고등학교에 입학한 자녀를 두었다는 그녀는 아이들의 학교생활에 신경이 많이 쓰인다고 했다. 큰아이가 3년 있으면 대학을 가야 하는데 그때만 생각하면 겁부터 난다고 했다. 형님 댁 아이들이 외고를 졸업하고 해외 유명 대학에 다니고 있어 부담이 이만저만이 아니란다. 형님도 좋은 대학을 나와서 그런지 조카들도 공부를 아주 잘한다고 했다.

"아들들은 엄마 머리를 닮는다는데 우리 애들은 나를 안 닮았나 봐요. 공부에 뜻이 없는 것 같아요."

남편도 자기 형을 부러워한다며, 애들이 대학 갈 때만 생각하면 앞이 캄캄해진다고 했다.

남편은 신의 직장이라고 불리는 곳에 다니고 있고, 본인도 몇 년 전까지 고등학교에서 제2외국어 교사로 근무했다고 한다. 게다가 시댁도 경제적으로 여유가 있는 편이어서 아무 걱정 없이 운동과 취미 생활을 하며 편안하게 산 티가 역력했다. 그런 그녀가 자기 아이들이 사촌과 비교 당할까봐 전전긍긍하고 있었다.

아이들 학교생활 이야기를 하면서 무엇보다 학기 초에 바로 하는 수행평가 활동이 가장 부담이 된다고 말했다. 도대체 이 수행평가를 어떻게 준비해야 할지 몰라서 답답하다며 한숨부터 내쉬었다.

초등학교 때와 달리 중학교에 입학하면 부모님들은 아이들의 성적과 학교생활에 매우 민감하다. 학교생활기록부(줄여서 학생부 또는 생기부라고 부른다.)에 한 줄이라도 더 기록해야 하기 때문이다.

4월 과학의 달 준비하기

학기 초에 여러 가지 수행평가 활동을 하지만 4월은 과학의 달로, 주로 과학 독후감을 쓰거나 과학과 관련된 여러 활동을 한다. 학년마다 필독서가 정해져 있지만 대부분의 학교에서는 과학 독후감을 쓸 때 아이들이 책을 자유롭게 선택할 수 있도록 해 준다.

4월이 되면 진도가 빠른 학교에서는 둘째 주쯤 과학 독후감 대회를 한다. 수업 시간에 독후감을 작성하는 학교가 많기 때문에 학원에서는 학교 일정보다 2주 전에 먼저 준비를 시킨다.

"얘들아, 오늘 수업은 지난번에 안내한 것처럼 과학 독후감을 써 볼 거야."

내 말에 아이들의 반응은 작년과 변함없다.

"저는 독후감 안 쓸 거예요."

"우리 반은 독후감 안 쓰고 상상화 그리기로 했어요."

"우리 반은 환경포스터 만드는데요."

아이들은 저마다 볼멘소리를 한다. 이미 아이들의 반응은 예상하고 있었다.

"올해 다른 활동을 하더라도 내년에도 써야 하니까 독후감 쓰기 연습은 해야 돼. 책을 읽었으면 책에 대한 감상을 쓰는 것이 저자에 대한 예의야."라며 쐐기를 박고 과학 독후감 쓰기 수업을 진행했다.

과학 독후감 쓰는 방법

일단 아이들에게 책을 고르라고 하는데 이때 제목 먼저 보고 인터넷 서점에 들어가 목차를 살펴보게 한다. 그리고 출판사 서평이나 책

소개를 보고 흥미롭고 읽을 만하다고 생각되는 책을 선택하게 한다. 아무리 좋은 책이라도 너무 어렵거나 쉬우면 흥미가 떨어질 수 있기 때문이다. 독자의 눈높이에서 과도하게 벗어난 책은 읽는 이에게 도움이 되지 않는다.

책을 선택한 후에는 목차를 훑어보며 관심이 있는 곳과 궁금한 곳부터 읽게 한다. 이때 아이들에게 처음부터 다 읽지 않아도 되고, 읽고 싶은 곳을 선택해 집중해서 읽으라고 당부한다.

과학 독후감은 일반 독후감과 달리 정확한 정보를 바탕으로 내 생각과 느낌을 곁들여 써야 된다. 책 전체를 요약하는 것은 중요하지 않다. 다 읽었다 하더라도 전체 내용 중 기억나는 것은 그다지 많지 않다. 그러므로 과학 독후감을 쓸 때는 인상 깊었던 내용과 새롭게 알게 된 사실을 중심으로 쓰면 된다.

다음은 준희가 쓴 글이다. 먼저 독후감을 쓰기 전에 칼 세이건의 《코스모스》를 영상으로 보게 했다. 총 13편으로 구성되어 있는데 집중해서 보면서 꼼꼼히 메모하게 했다. 동영상 1편을 시청하고, 한국어판 《코스모스》의 1부를 읽게 하니 준희는 글을 술술 읽어냈다. 내친 김에 영문판 《코스모스》도 함께 보게 했다. 이렇게 영상 자료 13편을 다 보고, 번역본도 읽고, 원서도 읽고 나니 준희의 배경지식이 몰라볼 정도로 탄탄해졌다.

세상의 본질과 기원
- 《코스모스》를 읽고

작성자 : ○○고등학교 1학년 조준희

　미지의 세계에 대한 열정과 희망을 느끼고 싶은가? 혹은, 이제 막 우주에 관심을 가지기 시작했는가? 그렇다면 《코스모스》를 추천해 주고 싶다.

　저자가 '코스모스'에 대해 연구를 하고 책을 쓰게 된 이유가 인상깊었다. 그는 우리가 우주를 탐구하는 이유가 우주를 연구함으로써 세상의 본질과 기원에 관한 질문을 끊임없이 던지며 나름의 답을 찾기 위해서라고 언급한다. 이처럼 과학을 탐구하게 되면 인류의 기원을 알기 위한 철학적 탐구 또한 같이 하게 된다.

　인류의 기록이라고 할 수 있는 모든 것들을 살펴보더라도 인류의 기원은 알 수 없을 것이다. 과학이 아무리 발전한다고 하더라도 당분간은 우주의 모든 것을 알 수가 없다. 하지만 우리는 과거와 현재, 그리고 높은 확률로 미래에서도 모르는 것에 대해서 좀 더 알고자 부단히 노력할 것이다. 그리고 그 노력 속에서 알게 되는 지식의 단편에서 우리는 또 다른 행복을 느낀다. 비록 끝없이 펼쳐져 있는 이야기의 한 조각일지라도 우리는 그 파편 속에서 '우리'와 '나'를 되돌아볼 수 있고, 미래를 창조해 나갈 수 있다.

　《코스모스》는 우주를 다룬 과학책치고는 문장이 참 아름다웠다. '자연은 새로운 종을 선택이라는 체로 다시 걸러냈다'는 표현이 눈에 들어왔다. 생존 경쟁에서 유리한 형질을 가진 종만이 살아남고, 그들의 생존에 유리한 형질이 후대에 계속 전달되면서 새로운 종이 나타난다는 다윈의 자연선택설은 그의 저서《종의 기원》을 통해 잘 알려져 있다. 하지만 이 문장처럼 그러한 사실을 잘 나타낸 표현은 없을 듯하다. 다른 한편으로는 그렇게 자연의 선택을 받은 인류가 지구를 파괴하고, 또 다른 진화의 역사를 가진 생물들을 너무나도 쉽게 멸종시켜 버리고 있다는 생각에 입안이 씁쓸했다.

한밤중에도 마치 대낮처럼 밝은 도심의 밤은 우리로 하여금 별들을 잊어버리게 만들었다. 우리의 조상들이 밤하늘의 무수한 별들을 보고 느꼈을 두려움과 경외감, 아름다움 그리고 가슴 벅찬 감동을 우리는 더 이상 느끼지 못한다. 불을 이용할 수 있게 된 이후로 인류는 밤을 이겨 낼 수 있게 되었고, 전기를 이용할 수 있게 된 이후로는 더욱 편리한 생활을 영위하게 되었지만 TV, 컴퓨터 그리고 휴대폰의 등장으로 별을 보는 시간은 그만큼 줄어들었다.

다시 고개를 들고 밤하늘을 보자. 우주의 광활함과 경이로움을 느껴 보자.

준희의 글은 이과 학생답게 건조하다. 독후감에는 재미와 의미가 모두 담겨 있어야 한다. 의미만 있으면 글이 무겁고 딱딱해 가독성이 떨어진다. 그렇다고 재미에만 치중해 글을 쓸 수는 없다. 술술 읽힐지 몰라도 읽고 나서 시간 낭비했다는 생각이 들 수 있기 때문이다.

준희에게 지금 쓴 글에서 자기의 생각과 경험을 넣으면 독자들에게 읽는 재미를 줄 수 있을 거라고 독려했다. 내 말을 기억한 준희는 학교에서 독후감을 작성할 때 자신의 경험과 느낌을 적어 넣어 좋은 성과를 얻었다.

UNIVERSITY

직접 강연 듣고
강연록 쓰기

내 수준에 맞는 강연 고르기

　강연의 목적은 강연 주제에 대해 청중의 이해를 높이는 데 있다. 강연의 주제는 쉽고 친근한 것부터 어렵고 전문적인 내용까지 다양하다. 강연은 대부분 강연자의 일방적인 말하기로 이루어지지만 요즘은 청중과의 상호 작용을 중요시한다.

　강연을 듣기 전, 우선 수준에 맞는 강연을 고르는 것이 중요하다. 듣고자 하는 강연의 수준이 나에게 적절한지, 강연자가 그 분야의 전문가인지 등을 고려해야 한다.

목적에 따라 달라지는 강연 듣는 방법

내 수준과 관심 분야에 따른 강연을 정했다면 목적에 따라 강연 듣는 방법을 달리해야 한다. 설득 목적의 강연일 경우에는 강연자의 주장이나 근거에 관심을 갖고 들어야 한다. 그리고 설명 목적의 강연은 사실이나 강연자의 의견, 새롭게 알게 된 내용을 파악하며 들어야 한다. 이때 중요하다고 생각하는 것은 중간중간 메모하며 듣는다.

강연을 듣고 나서는 강연 내용을 기록장에 반드시 작성한다. 대부분 학교에 제출하는 강연록의 경우에는 학교에서 정해 놓은 형식에 맞춰 기록하면 된다.

강연을 들으면서 메모한 것을 바탕으로 기록장에 쓴다. 강연록에는 제목, 날짜, 장소, 강연자, 주제와 중심 내용, 소감 등을 기록한다.

다음은 강연록의 형식이다.

나의 주제

강연 주제

강연자 소개

주제 연관성과 강연 선택의 동기

강연 내용

강연 후 느낀 점

　강연록을 과제로 제출하지 않더라도 강연 내용을 기록해 놓으면 오래 기억할 수 있다. 들은 것을 한 번 더 점검하는 과정을 거치게 되므로 배경지식 또한 확장된다.

　강연을 들을 때마다 강연록 쓰는 습관을 들인다면 수행평가 과제로 강연록 작성하기가 나와도 어렵지 않게 과제를 수행할 수 있다.

　강연장에서 직접 강연을 듣는 경우에는 강연장 예절이 필요하다. 특히 강연 내용을 녹음하거나 녹화해야 할 경우에는 반드시 강연자나 주최 측의 허락을 받아야 한다.

　다음은 정재승 교수의 〈인공지능 시대, 미래의 기회는 어디에 있는가〉 강연을 듣고 정리한 강연록이다.

〈인공지능 시대, 미래의 기회는 어디에 있는가〉 강연 후 느낀 점

작성자 : 이지영

4차 산업혁명이라는 말은 이제는 우리에게 너무 익숙하다. 어딜 가도 그 이야기뿐이고, 우리의 미래와 직접적인 관련이 있는 만큼 잘 알고 있어야 하는 사건인데 사실 4차 산업혁명이 무엇이냐고 물으면 한마디로 대답할 수 있는 사람들은 많지 않을 듯하다.

나는 4차 산업혁명과 관련된 용어들의 딱딱함과 거리감 그리고 모호성이 우리들의 이해에 악영향을 준 것이 그 원인 중의 하나라고 생각한다.

이러한 사실 때문에 정재승 교수님의 강연이 더욱 인상깊었다. 정재승 교수님은 4차 산업혁명이 일어나면 우리에게 일어나게 될 일들 그리고 우리가 그런 일들에 구체적으로 어떤 식으로 대응해야 하는지에 대해 다른 사람들처럼 그저 두루뭉술하게 알려 주시지 않았다. "창의력을 가진 사람이 되어야 한다." 같은 식상한 조언이 아니라 "다양한 분야의 독서를 통해 창의력을 기름으로써 4차 산업혁명 시대에 경쟁력을 갖출 수 있을 것이다."와 같은 구체적인 설명을 곁들인 좀 더 현실적인 강연을 해 주셨다.

다양하고 심도 있는 내용들 중에서도 특히 그동안 사회의 생산성은 높아졌는데 고용이 낮아졌다는 사실이 인상깊었다. 4차 산업혁명 시대라지만 학생이라서 그런지 아직까지는 크게 체감할 만한 일이 없었다. 그런데 지금 일자리가 부족한 이유도 어떻게 보면 이미 4차 산업혁명이 진행 중이라서 그런 것일 수도 있다고 한다. 그러한 사실을 알고 나니 그렇다면 우리가 어떤 방식으로 변화된 사회에서 경쟁력을 가지고 기여할 수 있을까 깊이 생각하게 되었다.

정재승 교수님이 말씀하신 것처럼 다양한 분야의 독서를 통해 창의력을 기르고, 데이터를 의심하고 나만의 관점에서 해석하며 가치 전복적인 주장을 할 수 있는 능력을 갖추는 것이 필요하다. 그런데 이보다 더 중요한 것은 무엇보다도 지속가능한 배움을 스스로 해나가는 능력이다. 이것은 필수적으로 갖추어야 될 능력이라 생각한다.

미래에는 더욱 많아진 정보를 바탕으로 기술의 발전 속도가 지금보다 더 빨라질 것이다. 따라서 이전처럼 '평생직장'이나 '평생 직업'을 가지는 일은 요원하다. 따라서 우리가 지금까지 존재하지 않았던 능력을 지닌 인공 지능과의 경쟁에서 승리하기 위해서는 그런 신기술들을 자신의 분야에 적극적으로 적용하고, 인공 지능이 할 수 없는 새로운 과업을 찾아야 할 것이다.

강연을 듣고 나서 그전과 4차 산업혁명과는 어떻게 차이가 나는지 궁금했다. 그래서 4차 산업혁명 이전의 산업혁명들이 정확히 어떤 것들을 의미하는지 조사해 보았다. 이제까지 일어난 산업혁명에 대해 간단히 정리해 보면, 1차 산업혁명은 1784년 영국에서 시작된 증기 기관과 기계화였다. 2차 산업혁명은 1870년 전기를 이용한 대량 생산이 본격화된 것을 일컫고, 3차 산업혁명은 1969년 인터넷이 이끈 컴퓨터 정보화 및 자동화 생산

시스템이라고 말할 수 있을 것이다. 그리고 정재승 교수님이 정의하셨듯이, 로봇이나 인공 지능(AI)을 통해 실제와 가상이 통합돼 사물을 자동적, 지능적으로 제어할 수 있는 가상 물리 시스템의 구축이 기대되는 산업상의 변화를 4차 산업혁명이라고 한다. 네 가지 모두 개념과 특성, 어느 것 하나 비슷한 점이 없다. 하지만 유일하게 공통분모라고 할 만한 것은 인간의 생활에 아주 큰 변화를 가져다주었다는 점이다.

이러한 변화가 의학계에 가져다줄 영향도 흥미로웠다. 사람의 몸은 수많은 생체 신호를 가지고 있다. 센서 기술의 발달과 모바일 기술 덕택에 실시간으로 생체 신호를 데이터로 저장할 수 있게 되었다고 한다. 유전자 정보는 또 하나의 거대한 빅데이터이다. 개인의 DNA를 판독하는 비용도 기하급수적으로 감소하고 있다. 2010년 무려 1억 원에 달했던 비용이 최근에는 불과 20~30만 원으로 떨어졌고 수년 안에 10만 원 이하의 수준으로 낮아지리라 예상된다.

개인의 DNA를 판독하면 향후 암에 걸릴 가능성을 예측할 수 있을 뿐 아니라 특정 치료약이 잘 들을지 아니면 다른 부작용이 있을지도 판독할 수 있다. 생체 정보와 유전자 정보를 바탕으로 개인에게 최적화된 진료 및 의료 서비스를 구현할 수 있다. 생활 습관, 식습관, 잠버릇 등을 빅데이터로 모아서 현재의 건강 상태뿐 아니라 앞으로 발생할 문제도 예측이 가능하다. 즉, 개인의 DNA 정보를 바탕으로 맞춤형 치료가 가능해지는 것이다.

강연록을 쓴 지영이는 강연을 듣기 전 이미 정재승 교수의 여러 저서들을 읽고 독서 퀴즈 준비를 하거나 독서록을 제출한 적이 있었다. 그리고 지영이는 강연을 듣고 나서도 4차 산업혁명을 깊이 있게 알고 싶어 관련 자료를 찾아볼 정도로 적극적이었다. 이런 지영이의 모습은 강연을 들은 후에 할 수 있는 가장 바람직한 행동이다.

지영이는 4차 산업혁명으로 인해 생산성은 높아졌지만 고용이 낮아진다는 사실을 알게 되었고, 새로운 혁명이 시작되었을 때 어떻게 대처해야 하는지에 대한 고민을 강연록에 풀어냈다.

강연 영상 보고 강연록 쓰기

수행평가에 주로 활용되는
강연 영상

 과학중점학교에서는 탐구 프로젝트, 강연록 작성 등과 같은 과제가 많다. '융합 TED'라는 강연을 듣고 매월 한 편씩 강연록을 제출하기도 한다. 강연록 8편을 제출하면 심사를 통해 '테드 ○○'과 같은 강연 대회에 나갈 수가 있다. 이 강연대회 참가자는 생기부에 올릴 수 있다. 학교마다 다르기는 하지만 강연록 10개 이상 제출한 학생에 한해 생기부에 올리기도 한다.

학교에서 수행평가로 강연록 쓰기를 할 때는 시간 관계상 직접 강연을 듣고 강연록을 작성하는 것보다 유튜브에 올라온 강연 영상 자료를 주로 활용한다. 좀더 전문적인 지식을 얻고 싶을 때는 카오스 재단이나 TED 사이트를 활용하면 된다.

강연 영상 보고 강연록 쓰는 방법

강연은 특성상 상당 부분 강연자의 일방적인 말하기 방식이 될 수밖에 없다. 영상으로 보는 강연은 더욱 그렇다. 그렇기 때문에 강연장에서 강연을 직접 들을 때보다 영상으로 보는 강연은 집중력이 흐트러지기 쉽다. 대개 15분 정도 지나면 몰입도가 현저히 떨어진다. 녹화된 영상을 보기 때문에 자칫 지루할 수도 있다. 게다가 직접 현장에서 듣는 것처럼 질문도 할 수 없기 때문에 다소 긴장감이 떨어지기도 한다.

이럴 때 주로 사용하는 방법이 초시계를 이용하는 것이다. 초시계로 알람을 맞춰 놓고 그 시간 동안은 꼼짝없이 강연 영상을 본다는 각오로 임한다. 영상을 보면서 중요하다 싶은 것은 초시계를 정지한 후 메모장에 옮겨 적는다. 강연 영상을 다 보고 난 후에는 형식에 맞춰 강연록을 작성하면 된다. 영상으로 강연을 볼 때는 중간중간 멈춰 중요한 부분들을 기록할 수 있어 정확하게 강의록을 작성할 수 있다.

다음은 카오스 재단에 올라와 있는 〈이상한 나라의 바이러스〉라는 강연을 시청하고 강연록을 작성한 것이다.

〈이상한 나라의 바이러스〉 강연을 본 후 느낀 점

이번 강연을 들으면서 어렴풋하게만 알고 있었던 바이러스에 대해 여러 가지 정보를 얻을 수 있었다. 바이러스가 우리 몸에서 질병을 일으키는 원리, 유전 물질을 전달하는 과정, 증식이 어떤 방식으로 이루어지는지에 대한 이해를 바탕으로 여러 가지 생각을 해 볼 수 있었던 점이 좋았다. 특히 흥미로웠던 것은, 현장 질문 내용 중에서 "면역력이 약해졌을 때 여러 바이러스가 동시에 감염될 수 있는가"에 대한 것이었다. 지난 구월의 HIV 강의를 듣고 나서 한 바이러스에 감염된 상태에서 다른 바이러스에는 감염되지 않는다면, 그런 특성을 이용해서 인체에 해를 끼치는 작용이 억제되도록 조작한 바이러스를 인위적으로 감염시킴으로써 신·변종 바이러스에 대항할 수 있지 않을까, 하는 생각을 했었기 때문이다.

신의철 교수는 1960년대에 바이러스 학자들이 실험한 결과를 말해 주었다. 그 결과에 따르면, 한 환자에게 두 가지 바이러스가 같이 감염되는 경우가 있긴 하지만 세포 단위로 보면 간섭 현상 때문에 두 바이러스가 같이 감염되기는 어렵다고 했다. A라는 바이러스를 세포에 감염시켰더니 증식을 잘 했는데, B라는 세포에 바이러스를 감염시킨 다음에 A바이러스를 넣어 주니까 감염이 잘 되지 않았다. 그 이유는 B라는 바이러스를 감염시켰을 때 인터페론이 나와 오히려 두 번째 바이러스인 A바이러스의 감염을 막아 버렸기 때문이었다. 이에 대해 더 자세한 연구가 이루어진다면 기존과는 다른 원리를 가진 신개념 백신을 개발할 수 있을 거라는 생각이 들었다. 실제로 이런 일이 가능하다면 새로운 바이러스가 나타날 때마다 다른 종류의 백신을 개발할 필요가 없어질지도 모른다.

두 번째로, 바이러스가 물질과 생명의 경계에 서 있는 무언가라는 사실이 인상깊었다. TMV(Tobacco mosaic virus)는 담뱃잎에서 추출해서 잘 정제하면 일종의 무생물 상태가 되어서 결정체 상태에서 몇 십 년을 두어도 그대로 있고, 물에 희석해서 담뱃잎에 발라 주면 그때부터 다시 번식한다고 한다. 물론 모든 바이러스가 이러한 것은 아니다. 일부 바이러스는 DNA나 RNA를 보호하기 위한 단백질 껍질을 지니고 있는데 이는 소금처럼 결정화할 수 있다. 그런데 지질 이중막이 밖에서 감싸고 있는 바이러스는 결정화되지 않는다. 이렇듯이 바이러스만이 가지는 특이성에 초점을 맞춘, 보다 폭넓은 연구가 이루어진다면 바이러스에 대해 우리가 아직까지 모르고 있는 사실들을 규명하는 데 도움이 될 것이다.

세 번째로, 이번 강연을 들으면서 신·변종 바이러스의 출현에 어떻게 대처해야 하는지에 대해서도 생각해 볼 수 있었다. 개인적인 측면에서는 집단 면역의 중요성을 인식하는 것이 그 무엇보다도 중요하다. 집단 면역이란, 개개인 모두가 백신을 맞지 않을 경우에도 사회 구성원 중 대다수가 백신 접종을 받았다면 이들이 일종의 장벽이 되어 백신을 안 맞은 사람들도 보호될 수 있다는 것이다. 바이러스는 단기간에 빠르게 주변으로 전파되고, 잠복기도 각양각색이므로 완전한 예방은 불가능에 가깝다는 점에서 볼 때 현실성이 아주 높은 방안이라고 생각한다. 특히, 백신에 대한 인식의 차이로 일부러 백신을 맞지 않는 사람도 있을지도 모르지만, 면역이 결핍된 환자의 경우 백신을 맞고 싶어도 맞지 못하는 경우가 있다. 집단 면역은 이런 사람들을 위해서라도 꼭 이루어져야 한다.

그럼에도 불구하고 아무리 과학적으로, 그리고 의학적으로 잘 대처하더라도 사실상 아주 빠르게 변화하는 바이러스의 백신을 변이 속도에 맞춰 제때 개발해 내는 것은 불가능에 가깝다. 그래서 국가의 역할 또한 개인의 역할 못지않게 중요하다. 가장 중요한 것은, 초기 대처 매뉴얼이 확고하게 잡혀 있어서 바로 시행할 수 있는 시스템이 있어야 한다는 것이다. 초기 대처가 미숙해서 바이러스가 크게 유행했던 예로는 메르스 사태를 들 수 있다. 환자 입장에서는 당장 병이 낫지 않으면 다른 병원에 가기 마련인데, 이런 과정을 통해서 여러 병원에 바이러스가 전파되기도 한다. 그렇기 때문에 의료 전달 체계를 마련해서 1차 병원, 2차 병원, 3차 병원을 거치며 순차적으로 의뢰서를 가지고 가도록 해야 한다. 현재는 이런 체계가 잘 안 잡혀 있다.

<이상한 나라의 바이러스> 강연을 듣고 바이러스가 질병을 일으키는 원리, 유전 물질을 전달하는 과정, 증식 방법 등 여러 가지 정보를 얻을 수 있었다. 그리고 이런 지식들을 바탕으로 바이러스끼리의 간섭 작용을 이용한 새로운 백신의 개발 가능성에 대해 생각해 볼 수 있었고 바이러스의 결정

화 특성에 대해 흥미를 가지게 되었다. 또한, 개인적 차원에서는 집단 면역을 통해서, 그리고 사회적 차원에서는 초기 대처 매뉴얼과 의료 전달 체계를 통해 신·변종 바이러스에 대항할 수 있을 거라는 생각을 해 볼 수 있었다. 평소에는 접하기 어려운 내용을 나만의 방식으로 잘 이해할 수 있었던 것 같아서 참 의미가 깊었던 시간이라고 생각한다. 앞으로 백신 개발에 사용되는 유전공학 기술에 대해 더 자세히 알아보고 싶다.

아인이는 강연 내용을 체계적으로 꼼꼼하게 정리했다. 바이러스의 개념과 증식하는 과정을 과학적 지식이 없는 사람이 읽어도 이해가 될 만큼 쉽게 잘 썼다. 강연을 듣고 나서 새롭게 알게 된 지식과 앞으로의 전망 등을 담백하게 작성했다. 유전공학을 전공하고 싶어하는 아인이는 유전공학 기술에 대한 학문적 관심을 강연록에 잘 나타냈다.

미리 쓰는 자서전

누구나 자서전을 쓸 수 있는 시대

"글쎄 우리더러 자서전을 쓰래요. 그걸로 다음주에 수행평가를 할 거래요. 우리가 얼마나 살았다고 우리보고 자서전을 쓰라고 하는지 모르겠어요. 뭘 써야 할지도 막막하고요."

덜렁대기로 정평이 난 준서가 호들갑 떨며 이야기를 하니 평소에 차분한 정연이가 거든다.

"아, 그거. 60세가 되어서 16세 때 꿈이랑 그 이후의 일을 쓰는 거야."

"상상해서 쓰라고? 그건 더 못하겠네. 내 꿈이 뭔지도 모르겠고. 에휴~."

학교에서 하는 자서전 쓰기말고도 최근에는 일반인들 사이에 자서전 쓰기 열풍이 불고 있다.

정년퇴임한 분들이 자신의 삶을 정리하는 차원에서 자서전을 쓰려고 하고, 자녀들 또한 부모님의 발자취를 남기고 싶어 부모님께 자서전 쓰기를 권유하기도 한다. 몇몇 지자체에서는 어르신 자서전 쓰기 사업을 지원하고 있다. 심지어 선거에서 어떤 후보는 '자서전 쓰기 지원'을 공약으로 내걸기도 했다. 그만큼 자서전 쓰기는 이제 우리 주변으로 가깝게 다가왔다. 자서전 쓰기는 더이상 유명인들만의 전유물이 아닌 시대가 왔다.

왜 사람들은 자서전을 쓰려고 할까

그렇다면 자서전을 쓰면 좋은 점이 무엇일까?

먼저, 내가 누구인지를 인식하게 해 준다. 인간은 '누구'를 말해야 하는 순간에도 '무엇'을 말하고 싶어한다. 자신이 '누구인지'를 아는 것은 매우 중요하다. 자서전을 쓰면 내가 누구인지를 확실하게 인지할 수 있다.

두 번째로, 자서전을 쓸 때 나를 들여다보면서 치유의 효과를 볼 수 있다. 안 좋았던 일, 감추고 싶었던 일들을 쓰면서 내 안에 있는 '어린 아이'를 보듬기도 하고, 수년 간 끌어안고 있었던 별거 아닌 일을 훌훌 털어 버리기도 한다.

마지막으로, 자서전을 통해 후손들에게 삶의 발자취를 보여 준다. 대부분의 자녀들은 부모님의 학창 시절이나 과거 삶에 대해 잘 모르는 경우가 많다. 자서전을 통해 자녀들과 그들의 아이에게까지 자신이 살아온 길을 보여 줄 수 있다.

자서전 쓰기 수행평가

자서전이란 자신의 이야기, 말 그대로 자신의 기억 속에 남아 있는 이야기를 펼치는 것을 말한다. 자신의 생애 중에서 중요한 활동이나 업적에 대해 쓴 글이 '회고록'이라면, 자서전은 자신의 일생을 직접 기록한 글이다. 자서전은 다른 사람이 써 주는 전기와는 성격이 다르다.

일반적으로 학교에서 하는 자서전 쓰기는 전기문 형태를 띤다. 자서전도 전기문의 한 종류이므로 전기문의 구성 요소를 그대로 유지한다. 전기문은 인물, 사건, 배경, 비평 등으로 구성된다.

인물의 출생, 성장 과정, 가정 환경, 성품, 재능 등은 '인물' 부분에, 인물의 활동과 업적, 그 인물과 관련된 일화 등은 '사건' 부분에 담아낸다. 인물이 활동했던 시대적, 공간적, 사회문화적 환경 등은 '배경' 부분에 나타내고, 전기문의 묘미인 '비평' 부분에는 인물의 업적과 삶에 대한 글쓴이의 생각, 느낌, 평가 등을 표현한다.

전기문의 구성 방식은 크게 일대기적 구성과 집중적 구성이 있다. 일대기적 구성은 인물의 출생부터 죽음에 이르기까지의 일생 전반을 다룬다. 보통 노년에 이르러 삶을 정리하는 시기에 자서전을 쓸 때 주로 이용하는 방식이다. 선거철 정치인들도 대부분 일대기적 구성을 취한다.

그에 비해 집중적 구성은 인물의 일생 중 특정 시기나 주요 사건을 중점적으로 다룬다. 일대기적 구성에도 어느 특정 부분을 강조하기 위해 일부분을 집중적 구성으로 전개하기도 한다.

학교에서는 노년이 되었을 때를 가정해서 자서전을 미리 써 보는 수행평가를 실시한다.

수행평가로 나오는 자서전 잘 쓰는 방법

중학교 3학년 국어 교과서에는 '미리 쓰는 자서전'의 단원이 있다. 고등학교에 입학하기 전에 자신의 꿈과 관련하여 진로를 정하기 위해서 필요한 단원이다. 자서전 쓰기 수행평가를 하기 전에 교과서에 나오는 사례를 먼저 소리 내어 읽고 부분적으로 베껴 쓰기를 해 본다.

학교에서는 자서전을 쓸 때 자신의 진로와 연관해서 쓰게 한다. 에피소드 세 가지, 수사법 세 가지를 활용해서 써야 하고, 교훈을 줄 수 있는 성찰이나 깨달음이 반드시 들어가야 한다.

자서전을 어떻게 써야 하는지 갈피를 잡지 못하는 아이들에게 자기가 하고 싶은 것에 대해 쓰라고 했다. 부모님의 생각이나 사회적 인식 말고 '자기가 진짜 재미있어 하는 것'과 '한 번쯤 해 보고 싶은 것'을 생각해 보고 시기별로 내가 어떻게 성장해 있을지를 상상하면서 글을 써 보라고 했다. 처음에는 하기 싫다고 구시렁거리던 아이들이 이내 조용히 글을 쓰기 시작했다.

다음은 수학 교사가 꿈인 수진이의 자서전이다.

수포자 없는 세상을 위하여
- 60세에 돌아보는 자서전

작성자 : 연수진

어릴 적 나의 꿈은 수학 교사가 되는 거였다. 평범한 수학 교사라기보다는 수학을 포기한 학생들, 즉 '수포자'들을 가르치는 특별한 수학 교사가 되고 싶었다. 내가 수학 교사라는 꿈을 생각하게 된 것은 초등학교 5학년 때부터이다. 물론 처음부터 수학에 흥미가 있었던 것은 아니다. 하지만 어릴 때 창의수학을 배우면서 수학 문제를 하나하나 풀 때마다 뿌듯함을 느꼈고, 풀어 가는 과정이 신기하면서도 재밌었다. 그 후 수학에 흥미가 생겼고, 또 학교 선생님께 수학을 잘한다고 칭찬을 받게 됐다. 수학경시대회 수상을 여러 번 하면서 수학에 흥미뿐만 아니라 자신감까지 생겼다. 수학 교사라는 확실하고도 뚜렷한 꿈을 가지게 된 계기는 그 후 두 번이나 있었다.

첫 번째 계기는 중1 때인데, 수학 시간 첫 수업 때 내가 우리 조의 수학 조장이 되었다. 조장은 조원이 문제 푸는 것을 도와주고 어려운 문제가 있으면 조원들을 이끌어나가 수업을 원활하게 진행하는 것을 보조해 주는 일을 한다. 최선을 다해 열심히 조원들에게 도움을 주었고, 조원들 또한 열심히 따라와 주었다. 그 덕분에 우리 조는 항상 가장 빠르고 정확하게 풀었다. 게다가 '가장 열심히 하는 조, 협동을 가장 잘하는 조'라고 선생님께 칭찬을 들었고 조원들에게도 인정을 받았다. 그뿐만이 아니다. "조장이 팀을 잘 이끌어가네."라고 선생님의 신임까지 받았다. 보람과 뿌듯함을 느꼈다. 이 경험은 수학에 대한 흥미와 자신감을 갖게 해 주었다.

어떤 조직이 성공적으로 자리 잡으려면 조장뿐만 아니라 조원들의 협력이 필요함을 깨달을 수 있었다. "백짓장도 맞들면 낫다"는 것을 실감할 수 있었다.

내 꿈을 보다 더 확실하게 정하게 해 준 두 번째 계기는 '아이들 가르치기' 봉사였다. 아이들을 가르치는 봉사는 가난하거나 공부를 포기했거나, 의욕이 없는 아이들에게 도움을 주는 것이다. 가장 흥미가 있는 과목인 수학을 가르쳤고 여러 번 하면서 아이들이 수학에 관심을 갖고 수학 실력이 향상되는 것을 볼 수 있었다. 나의 조그마한 수고로움이 다른 사람에게 좋은 영향을 끼치는 것을 보며 나 또한 정신적으로 성장하는 기회가 되었다. 이러한 활동을 통해 형편이 어려운 아이들이나 수학 공부에 의욕이 없는 아이들에게 수학을 가르치며 도움을 주는 일을 해야겠다는 결심을 하게 되었다.

마침내 어릴 적부터 꿈꿔 왔던 대로, 수학 교사가 되었다. 게다가 내가 다녔던 ○○중학교 수학 교사로 부임하기도 했다. 내 어릴 적 기억을 떠올리며 수학을 포기한 아이들에게 꿈과 희망을 갖게 해 주고 싶었다. 수학을 싫어하는 아이들은 한 명 한 명 개인 면담을 하며 그들의 약한 부분을 보완해 주며 노력했다. 그 결과 수학을 힘들어하고 못했던 아이들이 수학을 좋아하게 되고, 잘하게 되는 것을 볼 수 있었다.

정년을 2년 앞두고 지난 세월을 돌이켜보니, 누구나 열심히 하면 무엇이든 할 수 있고, 많은 아이들이 수학 교사라는 꿈을 가졌으면 좋겠다고 생각했다. 사실 수학은 '세계 공통의 언어'라고 할 수 있다. 공통의 언어인 수학을 어려워하고, 힘들어하는 친구들에게 도움을 주려는 좋은 선생님이 많다면 우리 사회에 더 이상 '수포자'는 발을 디디지 못할 것이다.

좋아하는 수학을 가르치는 교사로 일을 하는 동안 즐거웠다. 앞으로 멋진 수학 교사들이 많이 탄생해서 우리 사회에 재능 있는 인재가 많아졌으면 하는 바람이 있다.

수진이의 자서전에는 세 개의 에피소드가 적절히 들어가 있고 각각의 에피소드마다 깨달음을 녹여 냈다. 표현 방법도 잘 배합되어 있어 글의 맛을 살리고 있다.

다음은 요리사가 꿈인 승준이의 자서전이다.

열심히 살아온 나에게 갈채를 보내며
- 60세에 쓰는 자서전

작성자 : 이승준

2002년 5월 10일 서울 연희동 한빛병원에서 태어났다. 유치원 때부터 음식 만드는 것을 좋아했던 나는 요리사라는 꿈을 자연스럽게 가지게 되었다. 초등학교 3학년 때부터 매 주말마다 쿠키, 케이크와 같은 간단한 요리를 만드는 요리학원에 다니며 요리에 점점 흥미를 갖기 시작했다. 하지만 4학년이 되면서 공부에 신경을 쓰게 되면서 학업과 관련된 수학, 영어, 국어학원 등에 다니기 시작했다. 물론 요리학원은 중단하고 '최고의 셰프'가 되겠다는 꿈보다는 공부에 더 신경을 쓰기 시작했다.

중학교에 입학하게 되면서 더더욱 학업에 신경써야 했다. 나의 꿈인 요리사는 점점 멀어져 가는 듯했다. 중3이 되던 해, 그동안 공부를 열심히 해

왔지만 만족할 만큼 좋은 성적이 나오지는 못했다. 고민이 많아지기 시작하면서 나는 다짐했다. 내가 하고 싶은 것을 해야겠다고. 그것은 바로 '요리'였다.

먼저 나는 한국조리과학고등학교에 들어가야겠다고 결심했다. 요리학원에 다니며 조리사 자격증을 따기 위해서 그날 배운 것을 부지런히 복습했다. 목표한 고등학교에 진학하기 위해서는 공부도 잘해야 했기 때문에 학업 또한 게을리하지 않았다. 물론 이 과정에서 어려움이 많았지만 요리사는 내가 진정으로 원하는 직업이기 때문에 아무리 힘들어도 참아 낼 수 있었다. 꿈을 이루기 위한 과정이니 최선을 다해 하자고 내 자신에게 주문을 걸며 치열하게 준비했다. '지름길은 없다'라는 것을 분명히 인식하고 열심히 했다. 목표가 뚜렷하고, 해야 할 일이 정해져서 그런지 최선을 다할 수 있었다.

조리사 자격증도 따고 한국조리과학고등학교에도 입학하였다. 고등학교에 진학해서는 아주 세세하게 요리에 대해 배우며 다른 레스토랑으로 실습도 다녔다. 학교에서 열린 요리 대회에서 입상도 하고 최고의 요리사라는 꿈을 이루기 위해 더욱 노력했다.

봉사 활동으로 내가 만든 음식을 고아원 아이들에게 나눠 주는 일도 했다. 내가 만든 빵을 맛있게 먹을 아이들을 생각하며 밤을 새워 가면서 기쁜 마음으로 빵을 구웠다. 아이들은 내가 만든 빵을 맛있게 먹으며 행복한 웃음을 지었다. "맛있어요.", "고맙습니다."라고 인사하는 아이들의 모습에 너무나도 기쁘고 뿌듯했다. 나의 작은 수고가 다른 사람에게 기쁨을 주고 희망을 준다는 사실에 나 또한 보람을 느낄 수 있었다.

한 알의 밀알이 씨앗이 되어 세상에 불을 켤 수 있다면 기꺼이 봉사를 해야지 하는 다짐도 했다. 음식뿐만 아니라 사랑을 주는 요리사가 되어 내가 만든 음식을 먹는 많은 사람들을 행복하게 해 주고 싶다.

특히 양식을 좋아했던 터라 고등학교를 졸업하자마자 곧바로 이탈리아로 유학을 갔다.

그곳에서 음식 만드는 법을 배우고 익히기를 반복하면서 실력을 쌓아 갔다. 유학 생활을 마치고 나는 다시 한국에 돌아와 유명 호텔에서 경력을 쌓은 후 35세가 되던 해, 나의 이름을 건 이탈리아 레스토랑을 열게 되었다.

가족들과 즐겨 찾던 곳인 강남역 근처에 양식 레스토랑을 차리게 되었다. 오는 손님들을 유심히 관찰해 각각의 특성에 맞는 서비스를 제공하자 식당은 문전성시를 이뤘다. 표를 나눠 기다리게 할 정도로 대기 손님들로 북새통을 이루었다. 40세가 되던 해, 이미 맛집으로 유명해져 있었다.

식당이 잘 되기도 했지만 후진 양성에도 힘을 쏟았다. 모교의 후배들이 실습하러 왔을 때 나는 그들을 힘껏 지도하고 가르쳤다. 하나라도 더 배우려고 노력하는 후배 아이들의 모습을 보며 이렇게 다른 사람을 도와줄 수 있고, 그들에게 영향력을 줄 수 있다는 사실에 행복했다.

60세인 지금도 현장에서 학생들을 지도함은 물론 레스토랑을 성황리에 운영하고 있다. 지난날을 되돌아보니 사회 구성원으로서 참 괜찮은 삶을 산 것 같아 행복하다. 열심히 달려온 내 자신에게 박수를 쳐 주고 싶다.

승준이는 무엇이든지 손으로 만드는 것을 잘했다. 빵이나 쿠키를 만들어서 간간히 가져오곤 했다.

승준이는 출생부터 60세까지 일대기적 구성 방식을 취했다. 어릴 적부터 요리학원에 다녔던 일, 중3때 요리사로서의 꿈을 다시 한 번 확인하고 조리과학고등학교로 진로를 결정한 일, 유학 후 레스토랑 개업, 후진 양성을 하고 있는 현재까지 총망라해서 글을 썼다. 승준이는 자서전을 쓰기 전에 실제 조리학교를 검색하고 유학 갈 학교까지 찾아보았다고 한다. 진짜 꿈을 찾은 승준이의 상기된 표정이 아직도 기억에 남는다.

자서전 쓰기 수행평가는 아이들이 자신의 꿈에 한층 더 가까이 가게 하는 경험을 할 수 있게 해 준다.

면접관을
사로잡는
자소서 쓰기

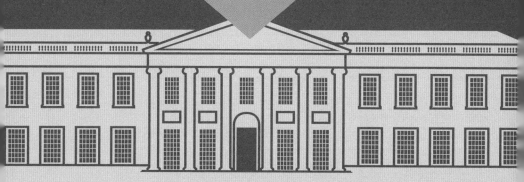

5부

당락을 좌우하는 자기소개서

입시에 있어서 자소서의 중요성

자기소개서(이하 자소서)는 학생부종합전형에 필요한 서류이다. 학생부종합전형은 이른바 '학종'이라고 통용된다. 이 전형의 평가 방법은 정량적 평가뿐만 아니라 정성적 평가를 함께한다.

정량적 평가는 객관적으로 수량화가 가능한 자료를 활용한다. 시험 성적처럼 비교 기준이 명확해서 그 기준에 따라 평가한다. 학종에서 교과 성적이 이에 해당된다. 정성적 평가란 계수, 계량화하기 어려운 부문을 평가하는 것을 말한다. 지원자가 제출한 서류를 바탕으로 의미를 찾고 해석하는 평가 방법이다. 학종에서의 학업 역량이나 전공 적합성, 인성, 발전 가능성 등의 비교과 영역을 측정한다.

학종은 수치로 계산된 성적만이 아닌 지원자의 제출 서류를 바탕으로 잠재 역량을 다각도로 평가한다. 학업 능력뿐만 아니라 학업에 기울인 노력이나 의지, 열정, 적극성, 도전 정신, 발전 가능성 등을 종합적으로 평가한다.

물론 잠재력과 발전 가능성을 중요시한다고 해서 성적을 고려하지 않는 것은 아니다. 지원하는 학생의 학업 성적은 제일 중요한 요소라고 할 수 있다. 학년별 학업 성취도의 등락 추이라든가 전공과 관련된 교과, 원점수와 평균값, 표준 편차값 등 다방면으로 학생의 성적을 본다.

치밀한 준비가 필요한 자소서 쓰기

따라서 자신의 꿈에 적합한 생기부를 고등학교 1학년부터 치밀하게 준비해야 하지만 대부분은 고등학교 3학년이 되어서 급하게 학종을 준비하며 자소서를 쓰는 경우가 많다. 그러다 보니 자소서 내용도 부실할 뿐더러 면접에서도 허점이 나타날 수밖에 없다. 고1부터 자소서 쓰는 연습을 해야 교내 활동을 할 때도 진지하게 임할 수 있다. 이처럼 일찍부터 계획을 세워 전략적으로 접근해야 목표를 이룰 수 있다.

자기소개서 쓰는 방법

　자소서를 작성할 때는 먼저 생기부를 바탕으로 작성해야 한다. 자소서를 잘 작성했다하더라도 생기부로 검증이 안 된다면 신뢰도에서 문제가 된다. 자소서를 쓰기 전에 먼저 생기부부터 꼼꼼히 분석해 보는 것을 추천한다.

　학업에 대한 강점이 생기부에 뚜렷하게 드러나 있으면 자소서 1번 문항에 쓴다. 두드러지고 특별한 교내 활동들은 2번 문항에 적고, 나눔 · 배려와 같이 인성과 관련된 활동은 3번 문항에 기록한다. 생기부를 철두철미하게 읽으며 해당 내용을 자소서의 어느 문항에 넣어야 할지 생각한다.

　글을 쓸 때 어떤 내용으로 펼쳐 낼지 뼈대부터 잡는 것처럼 생기부에 기록된 내용을 자소서에 어떤 스토리로 엮어 낼지 치밀하게 구상한다.

TIP

대입 관련 상담

대입에 관한 상담은 대입정보포털 '어디가(www.adiga.kr)'를 참고하거나 '대교협 대입상담센터(☎1600-1615)'에서 전화로 상담할 수 있다. 평일 9시부터 저녁 10시까지 상담 받을 수 있다. 더 자세한 사항은 각 대학의 입학처에 문의하면 충분한 도움을 받을 수 있다. 요청하면 입학 안내 자료를 우편으로 보내 주기도 한다.

다음은 대학에서 정해진 자소서 양식과 작성 방법이다.

1. 고등학교 재학 기간 중 학업에 기울인 노력과 학습 경험을 통해 배우고 느낀 점을 중심으로 기술해 주시기 바랍니다(띄어쓰기 포함 1,000자 이내).

2. 고등학교 재학 기간 중 본인이 의미를 두고 노력했던 교내 활동(3개 이내)을 통해 배우고 느낀 점을 중심으로 기술해 주시기 바랍니다. 단, 교외 활동 중 학교장의 허락을 받고 참여한 활동은 포함됩니다(띄어쓰기 포함 1,500자 이내).

3. 학교생활 중 배려, 나눔, 협력, 갈등 관리 등을 실천한 사례를 들고, 그 과정을 통해 배우고 느낀 점을 기술해 주시기 바랍니다(띄어쓰기 포함 1,000자 이내).

자율 문항

＊지원 동기 등 학생을 종합적으로 판단하기 위해 필요한 경우 대학별로 1개의 자율 문항을 추가하여 활용하시기 바랍니다(글자 수는 띄어쓰기 포함 1,000자 또는 1,500자 이내로 하고 대학에서 선택).

1번 항목에서는 지원하려는 학과에 필요한 학습 경험을 강조해야 한다. 입학사정관이 자소서에서 보고 싶은 것은 지적인 호기심을 가지고 학업에 임한 경험이다. 새로운 지식을 습득하기 위해 자기 주도적인 태도로 노력한 경험과 그것을 바탕으로 만들어 낸 창의적인 결과물을 중점으로 작성한다. 만일 정말 좋아하는 과목이지만 등급이 낮다면 그 부분을 소명해야 한다.

　　또한 학업 역량과 전공 적합성, 발전 가능성을 염두에 두고 쓴다. 생기부에 충분히 나타나지 않은 자신만의 특기나 적성을 자소서에서 보여 줘야 한다.

　　자소서를 쓰는 조건도 고등학교 재학 기간 중이라는 시간적인 제약이 있다. 공간에 대한 제한은 없어서 인터넷 강의나 융합 캠프, 오픈 코스에서 배운 것들을 기록하면 된다. 칸 아카데미, K-무크 등을 통해 전공과 관련된 심화 학습을 할 수 있다. TED도 활용도가 높다. K-무크에서 강의를 들을 때 종강되지 않은 강의를 듣도록 한다. 종강된 과목은 청강은 되지만 이수증은 안 나오기 때문이다.

　　자소서에는 배우고 느낀 점을 중심으로 써야 하기 때문에 배운 것에만 중점을 두고 나열하지 않도록 한다. 배운 것에만 집중해서 쓰면 설명하는 글이 되기 싶다. 사실 자소서는 자신이 그 모집 단위에 적합한 인재임을 넌지시 증명하는, 말하자면 입학사정관을 설득하는 글이다.

　　자소서를 모호하게 쓰면 입학사정관의 머릿속에 구체적으로 그려지지 않는다. 창의성을 엿볼 수 있는 나만의 에피소드를 수치로 표시하거나 이전의 상황과 비교해서 서술하면 구체적으로 읽힐 수 있다.

또한 자소서를 쓸 때는 생기부 기록으로 증명할 수 있는 내용이어야 한다. 이때 객관적인 사실을 최대한 구체적으로 작성해야 한다.

2번 항목에서는 동아리 활동과 독서 활동 중 의미 있다고 생각하는 비교과 활동을 쓴다. 이때 1번 항목에서는 보여 준 학업 역량을 강조하거나 지원하고자 하는 분야에 대한 잠재력을 보여줄 수 있는 활동 위주로 적는 것이 좋다.

2번 항목을 적을 때 주의해야 될 사항이 있다. 생기부에 기록되어 있지 않은 외부 활동을 기록하면 감점 요인이 되니 주의해야 한다. 다만 학교장의 허락을 받고 참여하였으나 생기부에 기록되지 않은 외부 활동을 적을 경우에는 이 활동이 다른 교내 활동보다 더 중요한 이유를 밝혀야 한다. 외부 활동을 통해 성장한 모습을 구체적으로 밝히는 것이 좋다. 외부 활동을 하게 된 동기부터 활동 과정에 이르기까지, 또 그 활동을 통해 깨달은 점을 중심으로 작성해 자신을 부각시켜야 한다.

'교내 활동 3개' 이내라는 조건 때문에 지원자는 나름 모양새를 갖춰 3개를 선택해 쓰려고 애를 쓴다. 이때 입학사정관이 무엇을 보고 싶은지 끊임없이 고민해 보고 중요한 활동이라고 생각되는 것을 선택한다. 입학사정관은 동아리의 종류를 평가하려는 것이 아니다. 이 활동을 왜 했는지, 그것을 통해 배운 것이 무엇이고, 그 결과 어떻게 성장하였는지에 관심을 갖는다. 입학사정관은 어떤 면에서 그 활동이 지원자에게 의미가 있는지를 알고 싶어서 묻는 것이다. 동아리 활동이 지원하려는 학과와 반드시 일치해야만 유리한 것은 아니다.

교내 활동에 3개를 넣으면 자신의 강점을 제대로 드러내기가 어렵다. 활동 하나당 500자 정도로 할애해야 하는데 이렇게 쓰면 자신의 경험을 나열하는 수준밖에 안 된다. 그러므로 욕심을 버리고 활동은 두 가지 정도만 쓰는 것이 좋다. 주요 활동을 900자 정도 쓰고, 두 번째 활동은 600자 정도로 쓰면 적당하다. 이때 전공 적합성을 드러낼 수 있는 활동 하나는 반드시 포함하도록 한다. 왜냐하면 학종은 학업 역량을 바탕으로 전공 관련 목표 의식이 뚜렷하고 지원하는 대학의 인재상에 부합하는 학생들을 선발하기 위한 전형이기 때문이다.

3번 항목은 공동체의 구성원으로서 필요한 바람직한 사고와 행동을 평가하는 것으로 인성 관련 부분이다. 나눔과 배려, 도덕성, 성실성, 소통 능력을 평가한다.

이때 간과하기 쉬운 것이 '인성'에 대한 오해이다. 평가 항목으로서의 인성은 성격을 평가하는 것이 아니다. 알고 있는 지식의 양보다는 실행할 수 있는 실제 능력인 '역량'을 중점적으로 평가하는 것이다. 공동의 과제를 자발적인 협력을 통해 완성한 경험이 많은지, 자신의 경험을 지속적으로 타인과 나누었는지, 수업이나 교과 외 활동을 하면서 자신의 의견을 효과적으로 표현했는지 등 세부 항목을 평가한다.

나눔과 배려, 리더십 등의 부분은 사례로 들어서 구체적으로 써야 한다. 멘토로서의 배려와 나눔을 드러냈다면 멘티가 얼마나 성장했는지도 나타내는 것이 중요하다.

시험을 잘 보려면 출제자의 의도를 정확하게 파악해야 하듯이 자소서를 쓸 때도 입학사정관의 입장에서 평가하고 싶은 부분이 잘 드러나 있어야 학종에서 좋은 평가를 받을 수 있다.

1~3번 문항에는 직접 활동한 경험을 통해 자신이 성장했다는 것을 반드시 나타내야 한다. 왜냐하면 입학사정관은 지원자의 고등학교 활동 경험을 통해 어떤 성장이 있었는지를 알고 싶어하기 때문이다. 교내 활동을 통해 어떤 변화가 있었는지, 또 활동하기 전과 후에 생각이나 행동의 특별한 변화가 있었는지 보려고 한다. 일련의 활동을 통해 생각이 바뀌고, 알고 싶은 것이 생겨서 행동으로 실천했다는 것이 드러나야 한다.

입학사정관은 공통 문항(1~3번 항목)과 자율 문항 중 자율 문항을 더 궁금해 한다. 그러므로 자율 문항을 정교하게 써야 한다. 자율 문항은 대학마다 아주 다르지는 않다. 6개 대학(서울대, 연세대, 중앙대, 한국외대, 건국대, 경희대)의 자율 문항은 같다.

대학별 고유 문항인 자율 문항은 해당 학과의 지원 동기와 그 학과를 지원하기 위해 노력한 과정을 중점적으로 본다. 또한 대학에 입학해서 무엇을 할 것인지, 졸업 후의 향후 계획에 대해서도 알고 싶어 한다.

지원 동기에는 '이러한 것을 알고 싶어서 지원했다'라는 것을 구체적으로 드러내야 한다. 분량은 1,500자 중 1/5 정도인 300자 내외로 쓴다. 또한 지원하기 위해서 노력한 과정을 써야 하고 생기부에도 이러한 노력이 드러나야 한다.

자소서에 학업 계획과 진로 계획을 쓸 때 자칫 진로 계획만 강조하는 잘못을 범할 수 있다. 진로 계획을 이루기 위해 대학에서 해야 할 것들을 서술해야 한다. 학업과 학문에 대한 열정에 초점을 맞추는 것이 중요하다. 학문적인 포부나 성장을 이루고 싶다는 바람을 써도 좋다. 이때 학업 계획이나 진로 계획을 열거형으로 쓰기 쉬우니 주의해야 한다.

마지막으로, 자소서를 쓸 때는 반드시 현재형 그리고 진행형으로 마무리한다.

TIP

자소서 쓸 때 도움이 되는 자료

2019년 2월에 건국대학교에서 발행한 《학생부종합전형 101가지 이야기》는 학생, 학부모, 교사들이 묻고, 해당 학교의 입학사정관이 답한 내용이 Q&A 형식으로 실려 있는 책으로, 학종을 준비하는 학생들에게 많은 도움이 된다. 이 자료는 해당 6개 대학(서울대, 연세대, 중앙대, 한국외대, 건국대, 경희대) 입학처 홈페이지에서 다운받을 수 있다.

자소서 쓰기의 핵심, STAR 원칙

자소서를 쓸 때 자신을 잘 전달하기 위해 'STAR 원칙'을 활용한다.

- S(Situation, 상황) : 자소서는 구체적으로 써야 하는데, 이때 필요한 것은 나만의 경험이 녹아 있는 그 '상황'을 쓰는 것이다.
- T(Task, 역할) : 문제가 되는 그 상황에서 자신의 '역할'에 대해 설명한다.
- A(Action, 행동) : 문제를 해결하기 위해 실행했던 '활동'을 서술한다.
- R(Result, 결과) : 문제 상황에서 해결 방안을 실천해 의미 있는 '결과'가 나왔음을 적는다.

이러한 STAR 원칙에 맞게 글을 썼으면 그 과정을 통해 배우고 성장하고 변화된 것과 느낀 점을 적으면서 마무리한다.

다음 글은 STAR 원칙에 따라 작성한 자기소개서이다.

2학년이 되고 얼마 안 된 시기에 담임 선생님께서 특별실 청소에 자원할 사람이 있는지를 물으셨습니다.(S) 아무도 하겠다는 사람이 없었기에 저는 제 친구와 상의하여 지원했습니다. 하지만 많은 친구들에게 '뛰노는 시간'인 점심시간에 꾸준히 청소하러 나오는 친구들은 거의 없었습니다. 결과적으로 매주 저와 제 친구 둘이서 몇 십 분의 선생님들께서 함께 사용하시는 쓰레기통 치우기부터 시작해서 1학년부의 청소까지 도맡아 해야 했습니다.(T)

화가 난 적이 없었던 것은 아니지만 가끔씩 선생님들께서 해 주시던 "고맙다"는 말씀이 힘이 되곤 했습니다.

둘만으로는 오래 지속할 수 없다는 판단이 섰습니다. 그래서 청소하러 오지 않은 다른 아이들에게도 찾아가 협조해 줄 것을 부탁했습니다. 4명 정도의 인원을 확보하여 요일별로 나눠서 청소하기로 합의를 했습니다. 3명이 월요일과 수요일, 나머지 3명은 화요일과 목요일에 청소를 하기로 정했습니다. 금요일은 친구와 둘이서 하겠다고 하니 흔쾌히 동의를 했습니다.(A)

이 일을 계기로 소소한 일이라도 먼저 나서서 행동함으로써 타인에게 도움을 줄 수 있다는 사실과 그 일을 하고 났을 때의 만족감이 크다는 것을 느꼈습니다. 갈등이 일어날 뻔했던 상황을 친구들의 협력을 이끌어 내어 바람직하게 마무리지을 수 있었습니다.(R) 조금의 양보와 이해가 합쳐지면 몇 배는 더 큰 효과를 낼 수 있음을 깨달았습니다.

UNIVERSITY

내 꿈은 국제 인권 변호사입니다

국제중학교 입학을 위한 자소서

푹푹 찌는 여름, 너무 더워서 아이들도 지치고 집중 못하고 있는 아이들을 가르치는 교사 또한 기력이 저조되어 있을 때였다. 교실마다 수업이 한창일 때 미스코리아 뺨치는 훤칠한 키에 유명 탤런트 저리가라 할 정도의 멋진 차림을 한 어머니가 찾아왔다. 함께 온 아이 역시 옷차림이 특별했다. 아이는 이튼스쿨에서나 입을 법한 재킷을 걸치고 있었고, 당당한 모습에 자신감이 묻어 있었다.

그 어머니는 숨 돌릴 새도 없이 앉자마자 ○○국제중학교에 원서를 넣을 거란다. 그런데 아이가 다니는 영어학원과 수학학원이 엄청 강도가 높은 학원이라 시간이 없단다. 게다가 잘하는 아이들만 따로 외부에서 선생님을 초빙해 수학을 한 번 더 하게 돼서 정말로 시간이 없다고 했다.

자소서 쓰기를 짧게 완성할 수 있는 방법이 없냐고, 수업을 짧게 할 수 있는 방도가 없느냐고 물었다. 미리 써 놓은 자소서도 있으니 얼른 보고 빨리 했으면 좋겠단다.

자소서를 미리 써 놓았다는 말에 아이에게 어떤 형식으로 쓴 거냐고 물었더니 아이가 미처 대답도 하기 전에 엄마가 재빨리 대답했다.

다음은 ○○국제중학교에 지원하려고 병훈이가 미리 써 온 자소서 내용이다.

지금보다 더 어린 시절부터, 저는 항상 세상 사람들의 행동과 생각에 대해서 많은 관심을 갖고 있었습니다. 한정된 자원은 사람들의 끝없는 욕망을 채워 줄 수 없었고, 이로 인하여 대부분의 사람들은 서로 싸우고 자신의 것만을 챙기기 위해 노력한다고 생각하였습니다. 이런 현실 속에서 태어날 때부터 가진 것이 별로 없는 사람들을 도와주어야 한다는 마음은 찾아볼 수 없었습니다. 그러나 제가 부모님으로부터 배운 것은 다른 이들을 도와주고 사랑해야 한다는 정신이었습니다.

비록 초등학교 6학년이지만 학교에서조차 이기적인 마음은 친구들의 가슴속에 항상 자리 잡고 있었습니다. 저는 웃음을 잃지 않으며 먼저 양보함으로써 그 친구들의 마음을 움직여 서로 사랑하고 도와주어 행복한 삶을 살 수 있도록 노력하였습니다.

저의 꿈은 국제 인권 변호사입니다. 인권은 사람이 태어날 때부터 가지고 있고, 다른 사람들에 의해 침해될 수 없는 권리입니다. 하지만 대다수의 가난한 나라의 국민들은 권력을 갖고 있는 사람들에 의해 자신들의 인권을 침해당합니다. 심지어는 우리나라에서조차 인권은 잘 보장받지 못하고 있으며, 얼마 전 국제사면위원회(Amnesty International, AI)에서도 한국을 방문하여 한국의 인권 보장 상황이 매우 심각하다고 말했습니다. 또 독재 국가인 북한에서도 인권 침해 사례가 무수히 많습니다. 이와 같이 많은 사람들이 사람을 인격적으로 대우하지 못하고 그들의 권리를 짓밟고 자신의 이익을 챙기기 위해서 싸우는 상황에서 저는 부모님께 배운 사랑을 행하고 남들을 도와주어 모든 사람이 다같이 행복하게 살 수 있도록 돕고 싶습니다. 또 한국뿐만 아니라 지구촌에 살고 있는 많은 사람들에게 도움을 주고 싶기 때문에 국제 인권 변호사가 되고 싶습니다.

(후략)

상담하러 오는 아이들의 자소서 내용은 대부분 비슷하다. 어른들이 써 줬거나 아니면 있었던 일 그대로 시간적 순서에 따라 써 놓는 경우가 대다수이다. 그런 글들은 대체로 구체적이지 않고 애매모호하다. 병훈이의 자소서 역시 마찬가지였다.

보통 국제중학교 원서 접수는 10월 중순부터 한다. 인터넷 접수 기간이 보통 5일 정도 되고 3~4일 후 추첨을 통해 1단계 선발을 한다. 추첨은 선발 인원의 2배수를 한다. 1차 합격자 발표가 나면 3일 이내에 인터넷으로 서류를 접수한 후 출력해 반드시 방문 접수를 해야 한다. 우편 접수는 받지 않는다. 1차 합격자에 한해서 2단계 전형을 한다.

서류 제출 기한이 추첨일로부터 4일 이후에 진행되기 때문에 추첨 통과 여부와는 상관없이 자기소개서는 미리 준비해 놔야 한다. 통상적으로 추첨부터 면접까지는 16~20일 정도 소요된다.

면접은 자기소개서를 바탕으로 이뤄지는데 자기 주도적 학습과 인성 부분으로 나누어 진행한다. 자기 주도 학습 영역은 자기 주도적인 학습 태도와 꿈과 끼의 영역을 측정한다. 말 그대로 학습을 위해 자신이 주도적으로 수행한 것을 말한다. 이를테면 목표를 설정한 다음 계획을 세우고 실제로 학습하며 실천한 결과를 평가하는 것이다.

기숙사 생활을 하는 국제중학교의 경우에는 단체 생활에서 필요한 덕목을 중요하게 생각한다. 규율을 잘 지키고, 함께 있는 학우들과 협동을 실천할 수 있는 인재를 뽑고자 한다.

자소서는 '유사도 검증 시스템'을 통해 표절 시비를 가리므로 반드시 수험생 본인이 써야 한다. 표절 시비가 의심될 경우에는 불이익을 주거나 불합격 처리를 하기도 한다. 자소서는 자기 주도 25점, 인성 15점으로 나눠져 있다.

다음의 자소서 양식을 보면 알 수 있듯이 특목고와 대학교 입학을 위한 자소서 쓰는 양식과 거의 비슷하다. 국제중학교 입시에 도전하는 것은 앞으로 있을 다른 입시에 도움이 된다. 진학 설명회마다 한번 도전해 보라고 강조하는 이유이기도 하다.

　다음의 글은 ○○국제중학교에 지원한 호윤이의 자소서이다. 호윤이가 처음 써 온 자소서는 4,000자가 넘는 장문의 글이었다. 이 글을 토대로 ○○국제중학교 홈페이지에 나와 있는 지원서 양식의 조건에 맞춰 다시 고쳐 썼다.

　자신의 꿈을 먼저 쓰고, 학교 특성과 연결하여 지원하게 된 동기를 앞으로 끌어왔다. 인성과 관련하여 나눔과 협력의 경험을 통해 배우고 깨닫게 된 점을 간략하게 표현했다. 그런 다음 ○○국제중학교에 입학한 후의 학업 계획과 활동에 대해 썼다. 졸업 후 고등학교에서의 심화 학습와 향후의 진로 계획에 대해 기술했다. ○○국제중학교의 특성에 맞게 글로벌 인재로서의 역량과 포부를 다시 한번 밝혔다.

　어렸을 때부터 땅보다는 하늘에 있는 우주에 대해 관심이 많았습니다. 그중에서도 빛도 삼켜 버리고 지구를 땅콩처럼 만들어 버린다는 '블랙홀'이 가장 흥미로웠습니다. '블랙홀'에 관한 책을 읽으며 '블랙홀'의 매력에 흠뻑 빠져들게 되었습니다. 이로 인해 자연스럽게 우주과학자의 꿈을 키울 수 있었습니다.

　투철한 나라사랑 정신과 정직하고 부지런한 성품을 가진 유능한 글로벌 인재 양성을 건학이념으로 삼은 ○○국제중학교는 중학교 1학년으로 올라가는 친구들 중에서 뛰어나고 우수한 친구들이 지원하는 곳입니다. 세상을 변화시키고 사람들을 유익하게 하는 선한 영향력을 펼치고 싶어 ○○국제중학교에 지원하게 되었습니다.

우주과학자가 꿈인 제게는 무엇보다도 제대로 된 말하기와 쓰기 능력이 필요합니다. 그 능력을 키우기 위해 친구들과 함께 탐구대회를 시작하게 되었습니다. 먼저 주제를 정하고, 그에 알맞은 자료를 수집하였습니다. 직접 현장에 가서 자료를 수집했을 뿐만 아니라 관련 사이트나 도서관에 가서 책을 찾아보며 자료를 모았습니다. 형식에 맞게 쓴 보고서를 발표할 때는 중요한 핵심을 찾아서 정리했습니다. 심사위원과 친구들이 몰입할 수 있도록 미리 요약 정리를 했습니다. 발표할 친구를 배려해 핵심을 정리하다 보니 요약하는 능력도 키울 수 있었습니다. 물론 역할을 분담하여 효율적으로 탐구토론대회를 준비했습니다. 이러한 과정을 통해 스스로 할 수 있다는 자신감을 얻을 수 있었을 뿐만 아니라 협력의 중요성을 배울 수 있었습니다. 아울러 타인을 위한 나눔이 결국 자기 자신을 이롭게 한다는 것도 깨닫게 되었습니다.

많은 우주과학자들이 끊임없이 우주에 대해 연구를 하고 있지만 아직 밝혀내지 못한 것들이 많다고 합니다. 제가 항상 의문을 가졌던 '우주는 끝이 있을까?'와 같은 경우 말입니다.

우주과학자가 되어 꼭 우주의 신비를 밝혀내고 싶다는 생각이 들었습니다. 우주는 끝이 있을까? 라는 의문을 항상 가졌습니다. 그 의문을 해결하기 위해 ○○국제중학교에 입학하게 되면 우주과학과 관련된 자율 동아리 활동을 활발하게 할 것입니다. 아울러 자기 주도 연구 과제를 꼼꼼히 하여 저의 꿈에 한층 더 다가갈 것입니다.

앞으로 ○○국제중학교에 입학하게 되면 우주과학에 기초가 되는 수학과 과학 공부를 열심히 할 것입니다. 국제 사회의 언어인 영어 공부에도 힘을 기울일 것입니다. 몸이 건강해야 공부도 열심히 할 수 있기에 체육 활동도 빼놓지 않고 할 것입니다. 신체가 건강하면 정신도 건전하여 심도 있는 연구를 할 수 있기 때문입니다. 국제 사회의 훌륭한 일원이 되기 위해서라도 1인 1기에 많은 시간을 투자할 것입니다. 다음으로 과학고에 들어가서는 특히 지구과학 실험 과목을 깊이 있게 공부할 것입니다. 그 후 제가 존경하는 스티븐 호킹 박사가 계신 영국의 캠브리지 대학에 입학하여 천체물리학에 대해 열심히 연구할 것입니다. 그 다음으로 미국의 우주 개발 활동 주최가 되는 나사(NASA)에 취직해 우주과학자란 꿈을 이룰 것입니다. 우리나라뿐만 아니라 전 세계적으로 선한 영향력을 끼치는 사람이 되고 싶습니다.

나의 꿈과 끼, 인성 (1,500자 이내, 띄어쓰기 제외)

○ 본인이 스스로 학습 계획을 세우고 학습해 온 과정과 그 과정에서 느꼈던 점, 학교 특성과 연계해 본교에 관심을 갖게 된 동기, 중학교 입학 후 자기 주도적으로 본인의 꿈과 끼를 살리기 위한 활동 계획 및 중학교 졸업 후 진로 계획에 관하여 구체적으로 기술하십시오.

○ 본인의 인성(배려, 나눔, 협력, 타인 존중, 규칙 준수 등)을 나타낼 수 있는 개인적 경험 및 이를 통해 배우고 느낀 점을 구체적으로 기술하시오.

※ 위에 제시된 것 이외에 학생이 발굴하여 작성할 수 있음.

UNIVERSITY

삶의 질을 높이겠습니다
자사고 입학을 위한 자소서

 늦가을 저녁 행사에 참석하고 있는데 전화 한 통이 걸려 왔다. 지인에게 소개받았다며 다급한 목소리로 아이의 자소서 준비를 해 달라고 한다. 내일부터 원서 접수 기간이라서 지금 준비하기에는 시간이 빠듯해 할 수가 없다고 고사했다. 행사가 끝나고 도착하면 밤 10시가 넘어서 아무래도 자소서 쓰기는 무리수였다. 그러나 발을 동동 구르며 애원하기에 할 수 없이 진행하기로 했다.

 자립형사립고등학교(이하 자사고) 원서 접수는 3~4일 정도밖에 시간적 여유가 없다. 미리 준비하지 않으면 심적으로 부담이 크다. 의진이가 준비해 온 생기부를 보니까 독서 활동 상황에 아무것도 실린 것이 없었다. 다른 아이들은 보통 학기당 과목별로 한 권씩은 실어서 보통 5~6권 정도를 올린다. 그런데 의진이 생기부에는 독서 활동 상황이 텅 비어 있었다. 독서 활동 상황이 전혀 없다 보니 다른 아이들의 생기부에 비해 서너 장이 부족했다. 읽은 책을 왜 한 권도 안 실었냐고 물으니 의진이는 가만히 있고 엄마가 먼저 나서서 대답한다.

"책을 읽고 몇 권 쓰긴 했는데 얘가 제출을 못 했대요. 그것도 몰랐다가 가방이 더러워서 빨려고 보니까 구겨진 채로 가방 안에 있지 뭐예요."

엄마가 분통을 터트리며 이야기하는데도 의진이는 멀뚱멀뚱 앉아 있기만 했다. 생기부를 보면서 상담하고 있는 와중에도 의진이는 스마트폰만 만지작거렸다. 자사고에 원서를 넣으려고 이 밤에 나를 부른 것도 엄마의 욕심이고 바람이었지 의진이는 아예 생각이 없는 듯했다.

그나마 다행인 것은 성적이 갑자기 오른 구간이 있어서 뭐라도 쓸 말이 있었다. 진로 희망 사항을 보니 의진이와 엄마 모두 대기업의 최고 경영자가 되는 것이라고 적혀 있었다. 최고 경영자 중 존경하는 인물이 있냐고 물었더니 이번에는 의진이가 서슴없이 "스티브 잡스"라고 말한다. 이유를 물으니 학교에서 봤던 영상 이야기를 꺼냈다.

스티브 잡스의 스탠포드 대학 졸업 축사를 의진이에게 다시 보여주고 느낀 점을 정리하게 했다. 또 이 연설문을 토대로 만든 〈지식채널 e〉의 '항상 갈망하라' 편을 보고 나머지 부분을 메꾸기 시작했다.

다음은 이렇게 지도하여 원하는 자사고에 입학한 의진이의 자소서이다.

애플과 같은 IT 기업의 CEO가 되는 것이 저의 꿈입니다. 스티브 잡스의 연설을 중학교 2학년 국어 시간에 보게 되었습니다. 잡스는 "그 여정이 바로 보상이다."라는 말을 하며 도전의 중요성을 강조했습니다. 그는 어려운 삶 속에서도 끝까지 포기하지 않아 마침내 자신이 원하던 스마트폰을 만들 수 있었습니다.

스티브 잡스를 보며 저도 그와 같은 CEO가 돼서 많은 사람들에게 도움을 주는 IT 기기를 만들고 싶다는 목표를 세웠습니다. 이러한 목표 의식은 좋은 결과가 나올 때까지 노력하는 도전 정신을 갖게 하였습니다.

'도전 정신'은 ○○고등학교에서 추구하는 창조인과 개척인의 인간상에 부합된다고 생각합니다. ○○고에 지원하여 특성화 프로그램인 매일경제 미래 CEO 과정과 AP 과정에서 공부하여 저의 꿈을 이루고 싶습니다.

중학교 초반 저의 성적은 그리 좋은 편은 아니었습니다. 그저 기계만을 좋아했기에 공부에는 별 흥미가 없었습니다. 하지만 목표가 정해지고 나니 제 꿈을 이루기 위해서는 공부를 잘해야겠다는 결심이 섰습니다.

처음 공부를 하겠다고 시작했을 때는 너무 막막하여 집중이 잘 되지 않았습니다. 그렇지만 성공한 후의 모습을 떠올리며 흩어지려는 마음을 다잡았습니다. 공부가 꿈을 실현하기 위해 노력하는 과정이라고 생각하니 힘들지 않고 오히려 공부에 재미를 붙일 수 있었습니다. 특히 기계와 관련이 있는 수학과 과학을 집중해서 공부를 하였습니다.

학원에서 하는 어려운 문제집보다는 제 실력에 맞는 문제집을 선택하였습니다. 기본기를 갖추기 위해서는 풀이 과정이 중요하기 때문에 이 과정이 한눈에 볼 수 있도록 줄에 맞춰서 문제를 풀었습니다. 틀린 문제는 끝까지

제 힘으로 풀어 보고, 부족한 부분은 반드시 해설지를 확인하며 점검하였습니다. 빨간 펜으로 쓸 수 있도록 빈 칸을 충분히 두었습니다.

학습량을 늘리면서 공부를 하다 보니 결국 중3부터 좋은 성적을 받을 수 있었고, 이것을 통해 무엇이든 노력하면 좋은 결과가 따른다는 교훈을 얻을 수 있었습니다.

(후략)

보통 자사고 입시를 준비할 때 자소서 준비반은 여름 방학 때부터 4회에 걸쳐서 진행하거나 2학기 중간고사가 끝나고 바로 준비한다. 의진이를 지도할 때 여름 방학 때부터 준비한 다른 친구들은 이미 자소서 쓰기를 끝내 놓은 상태였다.

몇 시간도 안 남은 상태에서 자소서를 준비해야 하는 의진이에게 우선 잘 쓴 친구들의 자소서를 베껴 쓰게 했다. 어느 정도 아는 것과 전혀 모르는 상태에서 자소서를 쓰는 것은 차이가 있기 때문이다. 의진이는 베껴 쓰기로 자소서의 큰 흐름을 알게 되어서인지 본인의 자소서를 어렵지 않게 잘 써내려갔다.

자사고 진학을 염두에 두고 있는 아이들은 생기부 관리도 차근차근 준비를 해 둬야 한다. 학기별로 다섯 권 이상의 독후감을 독서교육종합지원시스템에 올리고 생기부에 기록할 수 있도록 출력해서 담임한테 드려야 한다.

독서교육종합지원시스템의 이용 방법은 회원 가입 후 로그인을 한

독서교육종합지원시스템

서울	reading.ssem.or.kr
부산	reading.pen.go.kr
인천	book.ice.go.kr
대구	reading.edunavi.kr
울산	reading.ulsanedu.kr
광주	book.gen.go.kr
대전	reading.edurang.net
세종	reading.sje.go.kr
강원	reading.gweduone.net
경기	reading.gglec.go.kr
경남	reading.gnedu.net
경북	reading.gyo6.net
전남	reading.jnei.or.kr
전북	reading.jbedu.kr
제주	reading.jje.go.kr
충남	reading.edus.or.kr
충북	reading.cbe.go.kr

상태에서 [독후활동하기] → [독후활동을 위한 도서 검색] → [감상문 쓰기] 순으로 들어가면 된다. 이때 300자 이상 쓰고 올리면 저장이 되는데, 대부분의 중학교에서는 1,000자 이상 쓰도록 규정하고 있다. 일부 고등학교에서는 1,500~2,000자를 쓴 학생의 글만 생기부에 싣기도 한다. 독후활동을 하고자 하는 도서가 등록되어 있지 않으면 직접 등록하면 된다. 독서 감상문을 실을 때 인터넷 자료뿐만 아니라 미리 써 놓은 글도 복사하여 붙여넣기가 되지 않기 때문에 직접 내용을 입력해야 한다.

독후활동은 감상문뿐만 아니라 독서 퀴즈나 일기 쓰기, 편지 쓰기 등 다양한 형태로 해도 된다.

고등학교 자소서 구성을 살펴보면 다음과 같다.

꿈과 끼의 영역을 평가하는 자기 주도 학습 영역의 배점이 40점이고, 핵심 인성 요소에 대한 중학교 활동 실적과 인성 영역 활동을 통해 느낀 점을 쓰는 인성 영역의 배점이 60점이다.

자기 주도 학습 영역은 국제중학교 자소서와 마찬가지로 자기 주도 학습 과정과 진로 계획 및 지원 동기를 나눠 쓰면 된다. 학습을 위해 주도적으로 목표를 설정하고 계획한 후 활동한 전 과정과 그 과정에서 느낀 점을 자기 주도 학습의 과정으로 기록하면 된다.

진로 계획 및 지원 동기는 지원하려는 학교의 건학 이념과 연계해 본교에 관심을 갖게 된 동기, 꿈과 끼를 살리기 위한 활동 계획과 진로 계획을 적는다.

● 자사고 홈페이지에 있는 자소서 양식 ●

나의 꿈과 끼, 인성 (1,200자 이내)

자기 주도 학습 영역(꿈과 끼 영역)

○ 자기 주도 학습 과정 : 학습을 위해 주도적으로 목표 설정 · 계획 후 학습 실행까지의 전 과정과 그 과정에서 느낀 점

○ 진로 계획 및 지원 동기 : 본교의 건학 이념과 연계해 본교에 관심을 갖게 된 동기, 꿈과 끼를 살리기 위한 활동 계획과 진로 계획

인성 영역

○ 핵심 인성 요소에 대한 중학교 활동 실적 : 봉사·체험 활동을 포함한 배려, 나눔, 협력, 타인 존중, 규칙 준수 등에 대한 중학교에서의 활동 실적 등

○ 인성 영역 활동을 통해 느낀 점 : 중학교에서의 인성 영역 활동을 통해 배우고 느낀 점

※ 항목별 분량 지정은 없으나 위의 항목이 모두 포함되도록 서술해야 함.

비중이 높은 인성 영역은 자소서, 생기부의 행동 특성 및 종합 의견 등에 기재된 봉사·체험 활동을 포함한 배려, 나눔, 협력, 타인 존중, 규칙 준수 등에 대한 중학교에서의 활동 실적 등을 쓴다. 또한 중학교에서의 인성 영역 활동을 통해 배우고 느낀 점을 진술하게 기재해야 한다.

꼭 SKY에 들어가고 싶습니다
명문대 입학을 위한 자소서

10시간 가까이 고3인 인재의 집에 가서 자소서 지도를 하고 돌아온 날이었다. 자소서 쓰는 기간에는 일이 몰려서 들어와 피곤할 수밖에 없다. 인재의 자소서를 마무리하고 수액이라도 맞을 요량으로 병원에 가는 길이었다. 학교가 끝나고 1시간가량 지난 시간이어서 곧 있으면 퇴근 시간과 맞물리게 생겼다. 그날따라 차들이 꼼짝도 안하고 있었다. 이러다 병원 문 닫을 시간이겠다 싶어 초조해하고 있는데 전화 한 통이 걸려 왔다.

경민이 친구 어머니라면서 자기 아이의 자소서도 지도해 달라며 부탁한다. 아이가 자소서를 써서 담임 선생님께 드렸더니 한참을 보고는

"경민이가 자소서를 잘 써 왔던데……."라고 하시더란다. 그러면서 경민이 가르치는 선생님께 부탁해서 재영이 자소서도 다시 써 보는 게 나을 듯싶다고 조언을 하셨단다.

꽤 긴 통화를 한 후 몸이 안 좋아 병원에 가는 길이어서 오늘은 안 되겠다고 정중히 거절했다. 다른 선생님을 찾아보시는 게 나을 것 같다고 말하자 전화기 너머로 차분하고 교양 있는 목소리가 실려 왔다.

"저희 집에 오시면 다 해결해 드릴 테니 우선 저희 집으로 먼저 오세요."

더 이상 거절하기 어려워 병원부터 갔다가 밤늦게라도 가겠다고 하니 막무가내로 자기 집으로 오라고 한다. 절박함이 느껴져서 차를 돌려 재영이 집으로 갔다.

아이 방으로 들어가니 세상에나! 링거를 걸 수 있는 폴대까지 갖춰져 있었다. 재영이 아버지가 의사여서 집에서 수액을 맞을 수 있도록 미리 준비를 해 놓은 것이었다.

재영이의 생기부를 천천히 훑어보니 아이와 부모님의 장래 희망이 모두 의사였다. 의대를 자원하기에는 성적이 부족해 2학년 때 의대로 전과할 수 있는 ○○대학교 전자공학과를 목표로 정했다. 지금도 ○○ 대는 성적이 좋으면 2학년 때 전과가 가능하다. 전과하고자 하는 과에 결원이 생기면 신청을 하고, 심사를 통해 승인이 나면 전과가 가능하다고 한다. 하지만 근래 몇 년간은 결원이 생기지 않아서 현실적으로 의대 전과가 이뤄지지는 않고 있다.

생기부를 토대로 재영이와 충분히 이야기를 나누며 입시 전형에 필요한 것들을 세세하게 뽑아냈다. 그리고 자신의 언어로, 직접 경험하고, 느끼고 배운 것을 쓰도록 했다. 그 과정을 통해서 어떻게 변화됐는지, 어떤 잠재력을 갖고 있는지, 자신이 갖고 있는 능력을 다 꺼내 놓도록 했다.

링거를 맞으면서 재영이가 쓴 것을 첨삭해서 다시 건넸다. 그렇게 수정한 것을 컴퓨터로 다시 작성했다. 자소서 내용을 유기적으로 연결하기 위해 재영이와 다시 한번 의견을 나누고 수정을 여러 차례 한 다음 자소서를 마무리할 수 있었다.

다음은 재영이가 쓴 자소서이다.

아버지의 직업과 관련된 사회 활동으로 집에는 여러 가지 약들이 많았습니다. 왜냐하면 봉사 활동을 활발하게 하셨기 때문입니다. 급한 사람들이나 어려운 사람들을 위해 약을 사용할 일이 많았습니다. 그래서 어려서부터 약에 관한 호기심이 많았습니다.

마침 중학교 2학년 때 방학 과제로 탐구 보고서를 작성해 오라는 숙제가 있었습니다. 평소 관심이 많았던 약으로 무슨 실험을 할 수 있을까 생각하던 차에, 쓴 약을 어떻게 하면 쓴 맛을 줄이되 약의 효과는 증폭시킬 수 있는 방법이 없을까 연구하게 되었습니다. 그 실험은 약을 복용할 때 마시는 음용수 즉 생수, 우유, 사이다 등에 따라서 약물이 용해되는 속도가 어떻게 차이가 나는지를 관찰한 비교 실험이었습니다. 이 실험 결과로 교내에서 수

상할 수 있었습니다. 이러한 경험은 과학에 관심을 갖게 하는 계기가 되었습니다.

상은 저에게 자신감을 안겨 주었고, 과학에 대해 관심을 갖게 해 주었습니다. 그때 한창 의학 드라마가 유행하고 있었는데, 그 드라마에 나오는 숯의 효능이 사회의 관심사로 떠오르기 시작했습니다. 중3 여름 방학 숙제로 눈여겨보았던 숯의 효능에 대해 탐구 및 실험을 해 보았습니다. 이 실험은 숯의 정화 효과와 제습 효과를 알아보기 위한 것이었습니다. 물이 담긴 두 개의 양동이에 똑같이 세제를 풀고 한쪽은 숯을 넣고 다른 한쪽은 넣지 않았습니다. 금붕어를 넣어 생존 시간을 비교하였습니다. 또한 빵과 숯, 빵과 실리카겔 그리고 빵만 넣은 3장의 비닐봉지에서의 곰팡이가 피는 속도를 비교하는 실험도 하였습니다. 이 실험 역시 저에게 상을 안겨 주었습니다.

이러한 수상 경력과 경험이 과학에 대한 자신감과 흥미로 이어졌습니다. 그래서 인문계열보다는 이공계를 선택하게 되었습니다. 어려서부터 호기심이 많아 관찰과 실험을 좋아했던 저에겐, 학생들을 위한 심도 있는 정보화 전문 지식 및 실험 실습을 중시하는 ○○대의 전자공학부는 큰 매력으로 다가왔습니다.

창조적 사고와 진취적인 행동으로 시대의 흐름을 선도하는 ○○인이 되어 진리를 탐구하고 학문을 연마하겠습니다. 아울러 국제 사회의 유용한 일꾼이 될 것을 약속드립니다.

재영이는 전공 선택에 영향을 미친 주요한 경험들을 구체적으로 기술했다. 갑자기 정한 전공이 아니라 준비된 학생이라는 것을 보여 주기 위해 중학생 시절부터 거슬러 올라가 썼다. 자소서에는 '고등학교 재학 기간 중'이라는 제한이 있지만 갖춰진 인재라는 것을 말하기 위해 중학교 시절을 언급했다.

　　자소서는 반드시 본인이 작성해야 한다. 문맥이 매끄럽지 않아도 부모님이나 학원 강사 등 어른들의 언어가 아닌 자신만의 언어로 자소서를 쓰는 것이 중요하다.

UNIVERSITY

해외 대학에서 공부하고 싶습니다

교환학생 장학금 지원을 위한 자소서

보통 대학교 2~3학년 때 교환학생으로 해외에 가려는 대학생들이 많다. 교환학생은 협력 관계에 있는 다른 나라의 대학에서 유학하는 학생을 말한다. 일부 기업에서는 교환학생으로 선발된 대학생에게 장학금을 주기도 한다.

몇 년 동안 가르쳤던 보경이는 무엇이든 열심히 하는 친구여서 명문대에 합격해 잘 다니고 있었다. 입학하고 2년 정도 되었을 때 보경이가 오랜만에 찾아왔다. 교환학생을 신청하려고 하는데 미국이나 영국보다는 동유럽에 있는 대학으로 가고 싶단다.

교환학생을 대상으로 기업에서 장학금을 주는 제도가 있는데, 거기에 지원서를 내기 위해 나를 찾아온 것이었다. 보경이와 몇 차례에 걸쳐 자소서를 쓰기로 했다.

기업에 따라 지원서는 조금씩 다르지만 기본적인 내용은 비슷하다.

교환학생 장학금 지원서는 성장 과정(750자 이내), 성격(장단점)(750자 이내), 대학 생활(750자 이내), 장래 포부(750자 이내), 봉사 활동 경험(750자 이내), 장학금이 필요한 이유(1,500자 이내)로 구성되어 있다.

다음은 기업 교환학생 장학금 지원서 중에서 성격과 장학금이 필요한 이유를 쓴 보경이의 글이다.

2. 성격(장·단점)

우선 저에게는 이타심이 있습니다. 앞서 언급하였듯이 이는 부모님께서 저에게 물려주신 고귀한 유산입니다. 물론 요즘같이 경쟁이 극심해지고 있는 시대에 이러한 자질은 분명 개인에게 도움이 되지 않을 수도 있습니다. 저에게 어떤 도움이 되는지를 먼저 파악하고, 직접적인 행동을 시작할지 말지 결정하는 것이 어떻게 보면 현명할지도 모릅니다. 그러나 애초에 각자의 출발선이 다른 인생에서 제가 가진 것을 저만의 것이라고 생각하고, 타인 혹은 사회를 위하여 나누지 않는다면 결국 인간은 약육강식의 논리만을 내세우는 동물과 다를 바가 없다고 봅니다. 또 인생에서 제가 선택하지 않은 부분으로 인하여 남보다 앞서 있다면 저보다 경제적으로 좋지 않은 환경에서 태어난 이들에게 나눌 수 있어야 인간답다고 생각합니다.

한편으로 제가 하는 모든 것들에 대해 열정적으로 임하는 태도를 가지고 있습니다. '열정'이라는 단어가 매우 추상적일 수도 있지만, 제가 하고 있는 일에 대해서 할 수 있는 한 모든 것을 다해 전력투구하는 것을 의미합니다. 이러한 점은 단점으로 작용할 수 있습니다. 제 자신이 누릴 수 있는 여유를 일시적으로 포기해야 하기 때문입니다. 그러나 그렇게 인생을 살아왔기 때문에 제가 하고 싶은 공부를 할 수 있었고, 학교에서 모집하는 교환학생 선발에 지원하고, 그것을 위해 스터디를 조직하여 함께했던 스터디 구성원 모두 자신이 원하는 학교에 갈 수 있었습니다. 저 또한 이렇게 장학생 지원을 할 수 있었습니다.

6. 장학금이 필요한 이유

우선 제가 장학금이 필요한 이유는 경제적으로 저희 가정이 그리 넉넉한 편이 아니기 때문입니다.

(중략)

이와 같은 상황에서 제가 Masaryk University에 갈 수 있는 방법은 아르바이트 또는 장학금을 받는 것입니다. 그러나 부모님께서 하시는 일을 돕고, 학교의 전공 수업 공부를 병행해야 하는 상황에서 아르바이트를 하게 된다면 학교 전공 수업을 제대로 소화할 수 있는 시간이 없어집니다. 물론 이러한 상황이 저의 시간 관리 능력 부족에서 연유한 것으로 볼 수도 있습니다. 그러나 집안일에 삶의 많은 부분을 할애하여야 하는 상황에서 아르바이트를 하는 것은 저에게 매우 어려운 일입니다.

또 저는 ○○재단의 철학을 실현하고 장학 사업을 더 발전시킬 수 있는 능력이 있는 사람입니다. 홈페이지에 명시된 '가난의 대물림을 막고 밝고 건강한 사회를 만드는 주인공들을 길러내는 데 중점을 두고 사업을 확대해 나갈 것입니다.'라는 구절은 제가 추구하는 삶의 방향과도 일치합니다.

(중략)

만약 제가 ○○재단의 '해외 교환 장학생'의 수혜자가 되어 체코에 가서 더 많은 것들을 보고 배워, 이를 앞으로 제가 수행하게 될 경제 활동에 적용한다면 이후 저는 제가 가진 것들의 많은 부분을 저소득층의 자녀들이 돈 걱정 없이 학업에 지속할 수 있도록 돕는 데 사용할 것입니다. 장학금의 형태로 환원할 예정입니다.

《논어, 위령공》편에는 '기소불욕이면 물시어인'이라는 말이 있습니다. '내가 하고 싶지 않은 일을 남에게 시키지 마라.'라는 뜻인데, 대우 명제를 사용하여 해석해 보면 '남에게 시켜라. 내가 하고 싶은 일을'입니다. ○○재단이 추구하는 장학재단의 목표와 철학을 저는 매우 잘 이해하고 있습니다. 저는 이 기회를 통하여 더 많은 것을 사회에 환원할 자신이 있습니다.

보경이는 장학금을 지원해 주는 기업이 요구하는 의도에 맞게 자소서를 잘 썼다. 어려운 환경이지만 품위를 잃지 않으면서 '장학금이 필요한 이유'에 대해 잘 피력했다.

이렇게 자소서를 쓴 보경이는 기업으로부터 해외 교환학생 장학금을 받아 경제적으로 부족함 없이 유학 생활을 할 수 있었다.

세상에 선한 영향력을 퍼뜨리고 싶습니다
의학전문대학원 입학을 위한 자소서

더위가 한창이라 다들 휴가를 가서 아이들도 별로 없었다. 이 기회에 읽고 싶었던 책을 독파하자고 마음먹고 있었다. 한참 책을 읽다가 시계를 보니 9시가 지났다. 상담하러 올 사람도 없을 거 같아 퇴근하려고 준비하는데 누군가가 올라오는 소리가 들렸다.

얌전해 보이는 아가씨가 문을 열고 들어왔다. 단아한 모습에 교양이 뚝뚝 흐르는, 아주 잘 자란 티가 역력했다. 차분하니 외모 또한 반듯했다. 자소서 문제로 상담하러 왔다기에 처음에는 고3 동생이나 조카를 상담하러 온 줄 알았다.

정민 씨는 중학교 때부터 유학 생활을 했고 그곳에서 대학까지 마친 후 한국으로 들어와 외국계 기업에 다니고 있다고 했다. 누구나 다니고 싶어하는 좋은 직장인데 굳이 그만두고 의학전문대학원(이하 의전원)에 입학하려는 이유가 궁금했다.

자소서를 쓰면서 이 젊고 아름다운 아가씨의 인간적인 매력에 한껏 빠져들었다. 겉모습도 예쁜데 가슴속에 품은 마음은 더 따뜻했다. 젊은 친구가 실력뿐만 아니라 건강한 정신으로 무장되어 있는 모습을 보니 든든하기까지 했다.

수업 내내 흡족했다. 이렇게 건전한 젊은 친구들이 있으니 한국의 미래가 밝겠구나 하는 생각에 마음이 훈훈해졌다. 준비할 때부터 발표 나는 날까지 매일매일 좋은 결과가 있기를 마음속으로 빌었다.

의전원은 서류 접수가 10월이고, 면접이 11월이라 시간이 그리 넉넉하진 않았다. 8월 중순이 지난 상태라 일주일에 한 번씩 수업을 해도 네다섯 번밖에 시간이 없었다. 우선 첫 수업은 퇴근 후에 하고, 주말에 길게 하자고 제안했다.

다음은 의전원 자소서 형식으로, 대입을 준비하는 고3 자소서와 비슷하다.

의학전문대학원 자소서 형식

1. 지원자가 지금까지 살아온 삶의 과정을 쓰고 그 과정에서 가지 게 된 자신만의 특징을 구체적으로 기술하여 주십시오.

2. 대학 시절 중요하게 해 왔던 활동들과 그 결과를 기술하고, 그러 한 활동들이 ○○대학교 의학전문대학원을 지원하는 데 어떠한 의미를 갖는지를 기술해 주십시오.

3. 지원자가 제출한 서류 내용 중 스스로 보기에 부족하다고 생각 되는 점이 있다면 그 부분에 대해 설명하여 주십시오.

　

정민 씨의 자소서는 남과는 다른 자신만의 경험을 드러내는 데 주 력해서 쓰도록 했다. 자소서 질문지에 충실하게 쓰되 의전원 입학을 희망하는 사람으로서 이미 준비된 인재라는 것을 은연중에 드러내도 록 했다. 출제자의 의도를 간파해서 겸손하되 능력을 갖춘 사람이라 는 것을 강조했다.

다섯 번의 수업이 끝나고 정민 씨는 합격자 발표가 난 후 다시 찾아왔다. 예의 그 담백한 목소리로 결과를 알려 주었다. 의전원을 준비하는 반에서 자신보다 좋은 대학 출신에다 성적도 우수한 학생들은 떨어졌는데 자신만 붙었단다.

모든 것이 다 선생님 덕분이라며, 운이 좋아서 합격했다며 겸손하게 말했다.

다음은 정민 씨가 쓴 자소서이다.

대학 시절 중요하게 해 왔던 활동들과 그 결과를 기술하고 그러한 활동들이 ○○대학교 의학전문대학원을 지원하는 데 어떠한 의미를 갖는지를 기술해 주십시오.

'The Purpose Driven Life'

○○대학교 재학 당시, 단순히 "내가 언제 유태인 할아버지 할머니를 만나보겠어?"라는 생각으로 집이 없는 할아버지 할머니들께 점심을 대접하는 봉사 활동을 시작했습니다. 5년째 같은 메뉴인 점심 식사이지만 감사하는 마음으로 맛있게 드시는 그분들을 보면서 삶의 경건함을 보았습니다. 세상은 그분들을 실패한 사람들로 볼지 모르지만, 그분들 또한 살아가기 위해 노력하는 분들이셨습니다.

그 외에도 New York Presbyterian Hospital의 Neuroscience 병동에서 거동이 불편하신 환자분들의 식사와 목욕을 돕는 일을 시작했습니다. 많은 고비를 무사히 넘기시고 회복하기 위해 노력하시는 그분들의 모습을 보면서 강인한 생명력을 느낄 수 있었습니다. 제가 뵌 유태인 할아버지 할머니들도, 병원에서 만난 환자분들도, 주어진 삶을 받아들이며 노력하는 그 모습은 삶을 좀 더 가치 있어 보이게 했습니다. 누구에게나 소중한 삶을 좀 더 연장시켜 줄 수 있다면 그것보다 더욱 값진 일이 없을 것이라고 생각했습니다.

(중략)

이제 ○○대학교 의학전문대학원이라는 한국의 최고 의료 교육기관을 통해 의학적인 지식을 습득해 저의 소명의식을 현실로 이루어지기를 갈망합니다. 제가 학업이나 외로움 때문에 힘들 때 저를 굳건하게 만들었던 아이들을 위해서 일하고 싶습니다. 많은 아이들이 태어나지만 Burns Lake의 원주민 보호 구역에서 만난 캐롤라인처럼 부모의 관심을 받지 못하고 방임되거나 이민 가정의 설희처럼 자신만의 성에 갇힌 채 성장합니다. 이런 아이들을 안전하게 지키기 위해서라도 아이들의 영혼을 어루만져 주는 일은 아주 중요하다고 생각합니다. 소아정신과 전문의로서 어린이들이 필요로 하는 곳에서 항상 함께할 것입니다.

(중략)

손해를 보더라도, 무거운 책임감이 느껴지더라도, 의사를 천직으로 삼고, 평생 저를 통해 많은 사람들이 치유되고 회복되는 삶을 꿈꿔 봅니다. 유학을 하면서 터득한 영어 실력으로 동료 의사들에게도 도움을 주면서 국내뿐 아니라 세계적으로 영향력 있는 의사가 되는 것이 저의 소망입니다. 그래서 캐롤라인과 설희, 영희 같은 소외받는 아이들에게 이모가 제게 했던 것처럼 그들의 편이 되어 꿈을 심어 주고 싶습니다.

≫ 참고 자료 ≪

· 강인선,《하버드 스타일》, 웅진지식하우스, 2007

· 김민영 외,《필사문장력특강》, 북바이북, 2018

· 김애심,《명언도 알고 위인도 알고》, 우진출판, 1999

· 김종춘,《베끼고, 훔치고, 창조하라》, 매일경제신문사, 2011

· 김혜영·정훈,《소논문을 부탁해》, 꿈결, 2016

· 명로진,《베껴 쓰기로 연습하는 글쓰기 책》, 리마커블, 2016

· 박경철,《시골의사 박경철의 자기혁명》, 리더스북, 2011

· 박요철,《스몰 스텝》, 뜨인돌 출판사, 2018

· 박종인,《기자의 글쓰기: 단순하지만 강력한 글쓰기 원칙》, 북라이프, 2016

· 소병문 외,《고등학생 소논문쓰기 어떻게 시작할까?》, 씨엔톡, 2014

· 송숙희,《최고의 글쓰기 연습법, 베껴 쓰기》, 대림북스, 2013

· 신영복,《나무야 나무야》, 돌베개, 2010

· 유호식,《자서전》, 민음사, 2015

· 이상원,《서울대 인문학 글쓰기 강의》, 황소자리, 2011

· 이세훈,《선택적 필사의 힘》, 북포스, 2017

· 이외수,《글쓰기의 공중부양》, 동방미디어, 2006

· 이지성,《스무살 클레오파트라처럼》, 차이정원, 2017

· 인나미 아쓰시 저, 장은주 역,《1만권 독서법》, 2017

· 임재춘,《한국의 이공계는 글쓰기가 두렵다》, 마이너, 2003

· 임정섭,《심플》, 다산북스, 2017

- 장영희,《살아온 기적 살아갈 기적》, 샘터(샘터사), 2009
- 정민,《미쳐야 미친다》, 푸른 역사, 2004
- 정호승,《내가 사랑하는 사람》, 열림원, 2014
- 정호승,《사랑하다 죽어버려라》, 창작과 비평사, 1997
- 한승원,《한승원의 글쓰기 비법 108가지》, 푸르메, 2008
- 데이비드 코드 머레이,《바로잉》, 흐름출판, 2011
- 바버라 베이그,《하버드 글쓰기 강의》, 에쎄, 2011
- 레진 드탕벨 저, 문예역 역,《우리의 고통을 이해하는 책들》, 펄북스, 201
- 로제 로젠블렛,《하버드대 까칠교수님의 글쓰기 수업》, 돋을새김, 2011
- 스티븐 테일러 골즈베리,《글쓰기 로드맵 101》, 도서출판 들녘, 2011
- 피터 엘보,《힘 있는 글쓰기》, 토트, 2014
- 하버드 크림즌,《하버드 대학 입학생들의 글쓰기는 어떻게 다른가》, 조선일
  보사, 2002
- 존R. 트림블,《살아있는 글쓰기: 짧게 쉽게 재미있게 전략적 글쓰기》, 이다미
  디어, 2011
- 서은국, https://bit.ly/2XpQ8C1, "소셜미디어 속 멋진 인생에 흔들리지 마라"